순자

EBS 오늘 읽는 클래식

순자
악함에 대처하는 우리의 자세

한국철학사상연구회 기획 | 배기호 지음

몇 해 전 '테스형'이라는 제목의 대중가요를 듣고 사뭇 놀랐다. 테스형이라니. 이름난 철학자를 형이라 부른 것이 무례하다고 느껴서가 절대 아니다. 대학 시절 동기들끼리 장난처럼 말했던 게 가락을 타고 귀로 들어오니 삶에 치여 잊고 지낸 생기발랄하던 지난날이 떠올라서다. 그리고 이내 고개를 갸웃거렸다. 되짚어보니 서양 철학자들만 그런 식으로 불렀지, 동양 철학자들, 특히 유학자들은 그리 부르지도 않았고 부를 생각조차 하지 못했다. 왜 그랬을까? 아무래도 마음의 거리가 있었던 듯하다.

가족이 아닌 관계에서 '형'이란 호칭을 쓰는 것은 상대를 향한 친숙함의 표시이기도 하다. 그런데 소크라테스라는 거물에게 붙여도 왠지 거슬리지 않는다. 나와 그리 친숙한 사이

도 아닌데 말이다. 그래서 불러본다. 공자의 이름이 구이니, "구형!" 아니, 성(姓)에다 '형'을 붙여야 하나? 그럼 "공형!" 아, 이 어색함을 어쩌지? 아무래도 여전히 마음의 거리가 있다. 이 마음의 거리는 어디서 비롯되었을까?

클래식(classic)과 고전(古典)은 같은 의미를 지닌 다른 말이다. 그런데 클래식은 왠지 고풍스럽고 정갈한 느낌이 들고, 고전은 딱딱하고 고루한 느낌이 들었다. 딱 이 정도의 거리였다. 서양 철학자들은 세련된 표현으로 우주와 세상의 진리를 알려주는 것 같은데, 유학자들은 어려운 말로 고리타분하게 도덕과 윤리를 강요하는 것 같은 기분이 들었다. 서양 철학자들을 평범한 선생님에 비유하면, 유학자들은 다가서기 힘든 학생주임이나 교장 선생님에 가까웠다. 또 서양 철학이 직접 만지고 느끼는 체험관이라면, 유학은 두꺼운 유리 안에 든 것을 눈으로만 보는 박물관이었다.

그러나 말 그대로 느낌이고 기분이고 이미지였을 뿐이다. 직접 다가가 살펴보니 서양 철학이건 동양 철학이건 유학이건 간에 어려운 것은 어려웠고, 세련된 것은 세련되었으며, 고리타분한 것은 고리타분했다. 그리고 사람 혹은 학파마다 정도의 차이는 있을지언정, 모두 도덕과 윤리의 중요성을 말했고 우주와 세상의 진리를 탐구했다. 그래서 하는 말인데, 지금 당신이 예전의 필자와 같은 느낌, 기분, 생각이라면 그들에게 먼저 다가설 것을 권한다. 그리고 알아보자. 혹시 직접 만나기 부담스럽다면, '오늘 읽는 클래식' 시리즈가 가운데서 적절히 소개해 줄 테니 걱정 마시라.

이 책은 중국 선진시대 유학자 순자의 철학 사상을 여러분이 최대한 편하게 이해할 수 있도록 소개하는 걸 목표로 삼았다. 목표 달성 여부는 여러분만이 알 수 있겠지만, 아무쪼록 달성되었으면 하는 바람이다. 전반적으로 필자의 박사학위 논문의 문제의식을 바탕으로 이야기를 펼쳤으며, 원문 번역은 대체로 직접 했으나 까다로운 부분은 김학주 선생의 번역본(을유문화사, 2003)을 참고했음을 밝힌다.

순자는 세상의 혼란을 문젯거리로 여기고 해결하려고 애썼다. 그렇다고 지금 세상의 문제를 '순형~ 세상이 왜 이래?'라고 물으면 순자가 속 후련하게 대답해주리라는 지나친 기대는 말자. 알다시피 그는 지금 여기에 없다. 오래전 그가 남긴 말들만 있을 뿐이다. 그러니 순자의 도움을 받아 스스로 던진 질문의 답을 스스로 찾아보자.

2022년 시린 늦은 봄
노는 녀석(遊者) 배기호

차례

3장 **철학의 이정표**

일러두기

이 책에 수록한 『순자』를 비롯한 동양 고전의 인용문은 모두 저자가 직접 번역했으며, 까다
로운 부분은 김학주 선생의 번역본(을유문화사, 2003)을 참고했다.

1장

선한 세상을 꿈꾼 순자

당신은 지금 혼란한가

　당신은 지금 혼란한가? 아니면 지금 세상이 혼란한가? 무슨 뚱딴지같은 질문이냐고 되물을 수 있겠다. 그러나 곰곰이 생각해보자.

　우리가 사용하는 '혼란'이라는 한자어에는 크게 두 가지 의미가 있다. 하나는 '뒤죽박죽이 되어 어지럽고 질서가 없음'을 의미하는 '혼란(混亂)'이고, 또 다른 하나는 '마음이나 정신 따위가 어둡고 어지럽다', '흐릿하고 분별이 없다'는 의미의 '혼란 (昏亂)'이다. 곧 전자는 사회의 혼란이고, 후자는 개인의 혼란으로 볼 수 있다. 그렇다면 사회의 혼란과 개인의 혼란은 어떤 관계일까? 사회의 혼란은 사회 문제이고, 개인의 혼란은 개인 문제이니 별 관련이 없을까? 알다시피 사람은 사회를 이루어 살면서 서로 영향을 주고받는 존재다. 그렇기에 사회의 혼란은 개인을 혼란에 빠뜨릴 수 있고, 개인의 혼란은 사회의 혼란을 불러일으킬 수 있다.

개인이든 사회든 혼란하지 않다면 참으로 다행이다. 그러나 인류 역사상 혼란하지 않은 적은 거의 없었다. 그렇다면 혼란의 원인은 무엇일까? 우선, 자연의 섭리가 있겠다. 자연은 때때로 가뭄, 홍수, 지진, 화산 폭발 등을 일으켜 사람들을 혼란에 빠뜨린다. 과학기술이 발달해 어느 정도 재해를 예측할 수 있는 지금도 자연의 힘은 우리를 압도한다. 또 다른 원인은 사람이다. 세상에는 다양한 사람들이 복잡다단한 이해관계로 얽혀 살아가기에 문제는 언제나 일어나기 마련이다. 문제의 모양새는 개인 간의 갈등과 다툼에서부터 집단 간의 갈등과 다툼까지 다양하고 그 크기와 세기 또한 모두 다르다.

이제 혼란을 누가 해결해야 하냐는 질문이 자연스레 따른다. 여기서 개인의 혼란은 사적 영역의 일이기에 개인이 해결하고, 사회의 혼란은 공적 영역의 일이기에 사회가 해결해야 한다고 답할 수 있다. 그러나 우리는 개인이 개인의 혼란을 제대로 해결하기 힘들 때는 다른 사람이나 사회의 도움을 받아야 하고, 사회의 혼란은 특정 개인이 아닌 사회 구성원 모두가 함께 노력해서 해결해야 함을 오랜 경험과 학습을 통해 알고 있다. 이렇듯 혼란을 겪는 주체가 누구냐는 측면에서 생각해보면 거칠게나마 비교적 간단하게 답을 내릴 수 있다. 그렇다면 혼란의 원인 측면에서 바라보면 어떨까? 가장 바람직한 모습은 원인을 제공한 주체가 나서서 해결하는 것일 테다. 그러나 사람에 의한 혼란은 사람이 해결할 수 있지만, 자연에 의한 혼란은 자연이 해결할 수 없다. 자연은 사람처럼 느끼고 생각하고 반성하고 행동하는 존재가 아니기 때문이다. 자연은 말 그대로 저절로 그러한 존재일 뿐이다. 그렇기에 원인 제공자가 해결해야 한다는 답은 반은 맞고 반은 틀렸다.

태평성대(太平聖代)라는 말이 있다. 그런데, 정말 그 시기에는 어떤 자연재해도 없었고 사람들 사이의 작은 다툼조차도 일어나지 않았기에 크게 평온했을까? 절대 아닐 것이다. 어김없이 자연재해는 찾아왔을 것이고 사람들 간의 크고 작은 갈등과 다툼도 있었을 것이다. 그런데도 우리는 특정 시기를 태평성대라고 이르는 까닭은 무엇일까? 아마 다른 시대에 비해 상대적으로 덜 혼란스러웠던 시기였기에 그리 부르는 것일 테다. 그렇다면 어째서 덜 혼란스러웠을까? 그 까닭은 '성(聖)'이라는 말에 있다. '성'은 보통 지혜와 덕을 두루 갖춘 사람인 성인

태평성대

태평성대는 성인(聖人)과 같은 지도자가 세상을 다스려 크게 평화로운 시대를 일컫는다. 중국에서는 고대 왕인 요순(堯舜)이 다스렸던 시대가 대표적이다. 우리나라에서는 조선시대 세종대왕 시절을 태평성대였다고 말하기도 한다. 그러나 요순시대는 너무나 오래되어 정확한 내용을 알 수 없고, 세종대왕 시절은 다른 시절에 비해 태평했다는 것이지 결코 태평성대라는 뜻에 정확히 들어맞지 않는다. 그렇기에 엄밀히 따지면 우리가 피부로 느낄 수 있는 태평성대는 없다.

(聖人)을 뜻한다. 그런데 여기서는 성왕(聖王)으로 봐야 그 의미가 뚜렷해진다. 학식과 인격은 성인의 경지에 이르며 지위는 왕의 자리에 있는 사람이 나라를 다스리고 사람들을 이끌었기 때문에 크게 평온한 시대를 보낸 것이다. 성인이 웬 말이며 심지어 왕이라니…… 이렇듯 태평성대는 구시대에나 어울리는 말이 아닌가라는 의문이 들 수 있다. 그러나 성인이든 성왕이든 그도 결국 사람이라는 사실에 방점을 둘 필요가 있다. 사람이 겪는 혼란은 의식과 감정이 없는 자연이나 초월적인 힘을 가진 무언가가 해결해줄 수 있는 것이 아니다. 혼란의 원인을 제공함과 동시에 혼란을 온몸으로 겪는 사람이 직접 해결해야 한다. 그런데 개인이 해결하기 힘들거나 사회적 합의가 필요한 부분도 있다. 이럴 때 사회 구성원들을 돕고 조율하는 사람이 있기 마련인데, 그 역할을 하는 사람이 왕정 시대에는 왕이었다.

전국시대

전국시대는 여러 나라가 서로 전쟁을 벌이는 시대라는 말이다. 여기서 나라라고 함은 제후국을 의미한다. 당시 중국은 주(周)나라 천자(天子)가 다스렸다. 그러나 한 사람인 천자가 넓은 지역을 다 다스릴 수 없기에, 주나라 성립 초기에 친족들을 제후로 삼아 각 지역을 다스리게 했다. 그러나 많은 시간이 흘러 혈연관계가 희미해지자 주나라와 제후국 사이의 주종 관계는 무너졌다. 전국시대 이전에 춘추시대(春秋時代)가 있었는데, 대략 기원전 770년부터 기원전 403년까지를 이른다. 이때만 해도 주나라의 입김이 나름 작용해 제후국들이 천자의 눈치를 보았다고 한다. 그러나 전국시대에는 제후들이 더 이상 주나라의 눈치를 보지 않았을 뿐 아니라 심지어 스스로 천자라고 참칭하며 정복 전쟁을 일삼았다.

마지막으로 혼란을 어떻게 해결해야 하는가라는 질문이 남는다. 중국 역사에서 이른바 전국시대(戰國時代)는 태평성대와는 거리가 멀었다. 당시 중국은 일곱 개의 나라로 나누어져 있었는데, 각 나라의 왕들은 다른 나라를 침략하고 정벌하는 것을 현명하다고 여기며 매일같이 전쟁을 벌였다. 안 그래도 혼란의 씨앗은 언제나 있기 마련인데, 혼란을 해결해야 할 사람들이 오히려 앞다퉈 부추긴 셈이다. 그런데 아이러니하게도 혼란 속에서 문명은 더욱 발달했다. 부국강병(富國强兵)을 이뤄 전쟁에서 이기려는 욕망이 많은 분야의 기술 발전을 이끈 것이다. 이런 현상은 물질적 측면뿐 아니라 정신적 측면에서도 일어났는데, 바로 제자백가(諸子百家) 사상의 발전이 그것이다. 당시 각 나

제자백가

제자백가는 여러 학자와 많은 학파라는 말이다. 춘추전국시대에는 고대 그리스 철학의 발상에 비견될 만큼 동아시아 역사에서 다양한 사상과 철학이 발생한 시기였다. 대략 유가(儒家), 묵가(墨家), 법가(法家), 도가(道家), 명가(名家), 병가(兵家), 종횡가(縱橫家), 농가(農家), 음양가(陰陽家), 잡가(雜家), 소설가(小說家) 등의 학파가 있었고 각 파에 여러 사상가가 있었다.

라 왕들은 지식인들을 경쟁적으로 초빙했다고 한다. 자기 나라를 합리적으로 다스리기 위한 체계적 통치 이념과 이론, 체제 등이 필요했고, 또 다른 나라를 효율적으로 겸병하기 위한 맞춤 전략과 전술, 명분 등이 필요했기 때문이다. 이러한 왕들의 수요에 지식인들이 적극적으로 호응한 결과인 것이다. 그러나 제자백가 사상의 발전을 특정 부류의 수요와 공급 구조로만 설명할 수는 없는 노릇이다. 제자백가 대부분은 혼란한 사회를 힘겹게 살아가는 불특정 다수의 평온함과 안정감에 대한 요구를 무시하거나 외면하지 않고 어떻게 하면 혼란을 해결할 수 있을지 체계적으로 고민한 사람들이었기 때문이다.

　전국시대는 기원전 221년 진(秦)나라가 중원을 차지하며 막을 내렸다. 일곱 개의 나라가 하나가 되었으니 싸울 상대가 없어진 셈이고, 싸울 상대가 없으니 가장 큰 혼란의 요인이었던 전쟁도 없어졌으며, 전쟁이 없으니 이제 모두 크게 평온할 일

· Concept Word ·

진나라

진나라는 지금의 산시성 지역에 위치해 있었다. 척박한 지리적 환경을 극복하고 법가 사상을 바탕으로 부국강병을 이뤄 중국 최초로 통일제국을 완성했다. 그래서인지 현재 중국의 영어명인 'China'가 '진'이라는 국명에서 온 것이라고 한다. 주나라의 제후국으로 시작해, 춘추시대 주요 국가를 이르는 오패(五霸)에도, 전국시대 주요 국가를 이르는 칠웅(七雄)에도 해당하는 강대국이었다.

만 남았을 테다. 그랬다면 좋았겠지만, 우리는 이미 지난 역사를 통해 그렇지 않았다는 것을 너무나 잘 안다. 지금도 어딘가에선 다툼이 벌어지고 전쟁이 일어나듯이, 사람 그리고 사람이 만든 세상은 언제나 혼란의 씨앗을 품으며, 그 혼란의 씨앗이 싹을 틔워 꽃을 피우고 열매까지 맺는 불편하지만 익숙한 과정을 반복한다. 이 반복을 조금이나마 긍정적이고 발전적 방향으로 바꿀 의지는 없는가? 느닷없는 질문에 대답하기 막연하다면, 대략 2,300여 년 전 전국시대 말기라는 혼란의 절정 시기를 두 눈으로 바라봤고 온몸으로 겪었던 순자라는 사람의 도움을 한번 받아보자.

혼란 해결에 힘쓴 순자와 그 결과물

순자(荀子)는 전국시대 말기 조(趙)나라 사람으로, 성(姓)은 순(荀)이고, 이름은 황(況)이다. 그리고 성 뒤에 존경의 의미로 경(卿)이라는 글자를 붙여 순경(荀卿)이라고도 불렸다. 또 한(漢)나라 이후로는 손경(孫卿)이라고도 불렸다. 예전에는 황제나 왕의 이름과 모양이나 발음이 같은 글자를 함부로 쓸 수 없었는데, 한나라 선제(宣帝, 기원전 91~49)의 이름인 순(詢)이 순자의 성과 발음이 같았기 때문에 그것을 피해(이런 것을 피휘(避諱)라고 함) 비슷한 발음인 손(孫)으로 고쳐 부른 것이다. 그렇기에 책이나 자

공자

공자는 노(魯)나라 출신으로 이름은 구(丘)이다. 유학의 창시자로 불리지만, 기존 유학 관련 정보와 자료를 모아 『시』 『서』 『예』 『악』 『춘추』 『주역』 등의 경전을 풀이하고 정리했기에 고대 유학을 집대성한 사람이라고 할 수 있다. 또한 동아시아 역사상 처음으로 사립 학교를 열어 제자를 길러낸 선생님으로 여겨지기도 한다. 사람과 현세 중심의 사상을 펼쳤으며, 그가 세운 유학의 체계는 많은 제자와 추종자를 거쳐 현재까지 영향을 미친다.

료에 순자, 순황, 순경, 손경으로 다르게 나오더라도 한 사람을 지칭하는 것으로 보면 된다.

그런데 황이라는 멀쩡한 이름을 놔두고 왜 순자라고 부를까? 순자라는 명칭은 공자(孔子, 기원전 551~479)와 맹자(孟子, 기원전 372(?)~289(?)), 주자(朱子, 1130~1200) 등과 마찬가지로 성 뒤에 높임의 의미인 자(子)라는 글자를 붙인 것으로, 요새 식으로 부르자면 '순 선생님' 정도의 의미다. 그러나 학문이나 사상으로 세상에 이름을 날린 옛사람 모두가 '~자'라고 불린 것은 아니었다. 따라서 순황은 순자라고 불릴 만큼 한 시대를 대표할 정도로 학문에 나름의 체계가 있었고, 그의 사상이 당시와 후대에 상당한 영향력을 미쳤음을 알 수 있다.

아주 오래전 사람이다 보니 순자의 정확한 생몰연대를 알 수는 없지만, 여러 기록에 따르면 대략 기원전 336년에 태어나

맹자

맹자는 추(鄒)나라 출신으로 이름은 가(軻)이다. 사람의 본성은 날 때부터 선하다
는 성선설(性善說)을 주장했다. 그는 사람에게는 인의예지(仁義禮智)의 실마리가
되는 네 가지 마음인 사단(四端)이 있기에 선할 수밖에 없다고 했다. 인의 실마리
는 곤경에 처한 이를 불쌍히 여기는 마음인 측은지심(惻隱之心)이고, 의의 실마리
는 나의 잘못은 부끄러워하고 타인의 잘못은 싫어하는 수오지심(羞惡之心)이며,
예의 실마리는 매사에 겸손하고 양보하는 사양지심(辭讓之心)이고, 지의 실마리는
옳고 그름을 가릴 줄 아는 시비지심(是非之心)이다. 또한 맹자는 왕도(王道)정치를
주장했는데, 왕이 인의(仁義)를 체득하여 덕치(德治)를 펼치지 않으면 더 이상 왕이
라 할 수 없다고 했다. 이는 역성혁명(易姓革命)의 근거가 되기도 했다.

진나라가 통일을 이루기 14년 전인 기원전 235년 즈음에 생을
마감한 것으로 보인다. 그는 어려서부터 재주가 뛰어났지만,
다소 늦은 나이에 두각을 드러냈다고 한다. 당시 제(齊, 지금의 산
둥성 지역)나라 직하(稷下)에는 나라에서 직접 관리하는 연구소가
있었다. 나름 부유하고 군사력도 강한 제나라였지만, 더 부강
한 나라를 만들기 위해서는 학술과 문화 또한 중요함을 알았
다. 여기에는 제나라뿐 아니라 다른 나라 출신의 학자들도 얼
마든지 참여할 수 있었다. 숙식은 물론 일정 정도의 생활비까
지 제공되었으니, 천하의 지식인들이 자유롭게 학문을 갈고 닦
기 위해 몰려들었다. 순자도 열다섯 살 때부터 직하학궁(稷下學
宮)에서 공부했다고 한다. 그러다 제나라가 다른 나라의 공격을

공자와 맹자의 초상. 원나라 때 제작된 『지성선현반신상(至聖先賢半身像)』(1330년경)에 수록. 출처: 대만 국립고궁박물관

받아 한동안 직하학궁은 제 역할을 할 수가 없었고, 당연히 순자를 비롯한 학자들은 여기저기 뿔뿔이 흩어졌다.

기원전 275년, 제나라가 부흥을 꿈꾸며 다시 직하학궁을 열자, 뜻이 있는 학자들이 돌아왔다. 어느덧 중년이 된 순자도 돌아왔는데, 세월이 흐른 탓에 많은 선배 학자들이 세상을 떠난 후여서 자연스레 연장자 대우를 받았다. 그렇다고 순자가 단지 나이만 많은 학자였던 것은 아니다. 이후 지금의 연구책임자에 해당하는 좨주(祭酒)라는 직책을 세 번이나 지냈다는 사

제나라 직하에 세워졌던 직하학궁 상상도.

실은 순자가 다른 학자들의 존경을 받았을 뿐 아니라 학문적
으로도 뛰어났음을 말해준다.

순자가 영향력 있는 인물이었음을 보여주는 또 다른 일이
있다. 순자는 기원전 255년 입바른 소리를 하다가 도리어 모함
을 받자, 제나라를 떠나 초(楚, 지금의 후베이성을 비롯한 중국의 남부
지역)나라로 갔다. 이에 초나라 재상 춘신군(春申君, ?~기원전 238)
은 뛰어난 학자가 온 것을 기뻐하며 순자를 난릉(蘭陵, 지금의 산
둥성 지역) 땅의 수령으로 임명했다. 그러자 어떤 사람이 춘신군
에게 "예전에 탕(湯)임금은 사방 칠십 리의 땅, 문왕(文王)은 사
방 백 리의 땅으로 시작해 천하를 제패했습니다. 이제 어진 사

직하학궁

제나라 수도였던 임치(臨淄) 남쪽 혹은 서쪽에 있던 문을 직문(稷門)이라고 하는데, 직하는 직문 아래 혹은 직문 근처를 말한다. 직하학궁(稷下學宮)은 제나라 수도 임치의 직문 근처에 있었던 학궁이다. 지금으로 치면 '국립학문연구소' 정도가 된다. 맹자도 한때 직하학궁에서 학문을 연마했다고 한다.

람인 순자에게 사방 백 리의 땅을 주었으니 장차 초나라가 위태롭습니다"(『전국책(戰國策)』 「초책(楚策)」)라고 말했다. 이 일로 순자는 수령 자리를 버리고 조국인 조나라로 돌아갔다. 그런 후 몇 해가 지나, 또 어떤 사람이 춘신군에게 말했다. "예전 이윤(伊尹)이 하(夏)나라를 떠나 은(殷)나라에 가자, 은나라는 천하를 통일했고 하나라는 망했습니다. 또 관중(管仲)이 노(魯, 지금의 허난성 지역)나라를 떠나 제나라에 가자, 제나라는 점점 강해졌고 노나라는 점점 약해졌습니다. 이처럼 어진 사람이 곁에 있으면 왕은 백성의 존경을 받고 나라는 평안해지고 번영하는 법입니다. 그런데 순자는 지금 세상에서 가장 어진 사람입니다."(『전국책』 「초책」) 이에 춘신군은 지난 잘못을 뉘우치며 다시 순자를 초나라로 불러들였다. 물론 어떤 사람에 의해 한 나라의 운명이 좌지우지되는 일은 좀처럼 있기 힘들고 있어서도 안 되겠지만, 그럴 정도로 순자가 사람들로부터 인품과 능력을 인정받았음을 엿볼 수 있다.

기원전 238년 춘신군이 죽임을 당하자 순자는 수령 자리에서 내려오게 되었다. 그렇지만 순자는 더 이상 다른 곳으로 옮겨가지 않고 남은 삶을 난릉에서 보냈다. 아무래도 늦은 나이에 다른 곳으로 옮겨 자신의 학문과 사상을 전파하고 꿈과 이상을 실현하기는 힘들다고 판단했던 듯하다. 그러기보다는 학문과 사상을 글로 남겨 후대에 전하는 것이 현명하다고 여겼고, 그 결과물이 『순자』라는 이름으로 남았다.

지금 우리가 아는 『순자』라는 책과 본래 순자가 썼던 글과는 그 양과 내용에서 차이가 있을 수밖에 없다. 세월의 탓도 있지만, 여러 차례 정리와 교정 작업이 있었기 때문이다. 전해지기로는 본래 322편에 이를 만큼 많은 양이었던 것을 한나라 때 유향(劉向, 기원전 77~6)이 중복되는 것을 정리하고 교정해 32편으로 편집하고 『손경신서(孫卿新書)』라고 불렀다. 그리고 몇 번이나 여러 사람의 손을 거치다가 당(唐)나라 때 양경(楊倞, 생몰미상)이 32편을 다시 교정하고 주석을 달면서 『순경자(荀卿子)』라고 이름을 붙였는데, 이것이 지금까지 전해지는 『순자』의 바탕이 된다.

알다시피 『논어(論語)』는 공자의 삶의 흔적과 사상이 담긴 책이다. 그러나 공자 자신의 저작이 아니라 제자들이 기록한 것이다. 그렇지만,『순자』는 순자가 직접 저술했다. 물론 연구자들에 따르면 「유효(儒效)」 「의병(議兵)」 「강국(强國)」편과 뒷부분에 있는 「대략(大略)」 「유좌(宥坐)」 「자도(子道)」 「법행(法行)」 「애공(哀公)」 「요문(堯問)」 편 등은 순자의 제자들이 작성해 덧붙인 것이라고 한다. 그 대표적인 까닭으로 「요문(堯問)」 가장 마지막에 순자를 공자 못지않은 성인이라고 칭송하는 내용이 나오는데, 스스로 공자를 계승하는 진정한 유학자임을 자처하고 예(禮)를 누구보다 중요시 했던 순자가 굳이 품위 없게 자신을 높이지는 않았을 것이다. 이렇듯 몇 편은 순자의 저작이 아님을 의심받지만, 그마저도 제자들이 스승의 언행을 바탕으로 기록한 것이기에 전체적으로『순자』라는 책이 순자 사상을 살필 수 있는 자료라는 점에는 큰 문제가 없다.

『순자』는 대략 세 가지 특징이 있다. 첫째, 편명의 새로움이다.『논어』와『맹자』의 편명은 각 편의 첫머리에 나오는 글자들을 딴 것이다. 예를 들어『논어』첫 번째 편은 공자가 말했다는 의미의 자왈(子曰)을 빼면, "학이시습지 불역열호(學而時習之 不亦說乎)"라는 문구로 시작하기에 「학이(學而)」편이라고 불린다. 그러나『순자』는 대부분 그 편이 다루는 내용을 함축한 말을 편명으로 삼는다. 예를 들어 「권학(勸學)」은 학문과 교육의 중요성을 담고, 「비상(非相)」은 관상과 같이 사람의 겉모습을 보고 길

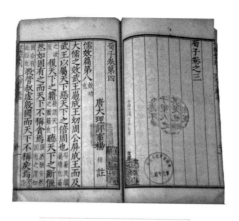

당나라 때 양경이 32편으로 정리한 『순자』

흉화복을 따지는 것을 비판하는 내용을 품으며, 「천론(天論)」은 하늘은 그저 자연에 불과하다는 순자의 생각이 깃들어 있다. 물론 어떤 편에는 편명과 관련 없는 내용이 담긴 경우도 일부 있지만, 전체 맥락을 흐릴 정도는 아니다.

둘째, 글쓰기의 새로움이다. 『논어』와 『맹자』는 대부분 서로 묻고 답하거나 누군가가 말하는 것을 기록한 형식의 글쓰기다. 그러다 보니 간혹 구체적 상황을 모르거나 간과할 때 전체 맥락을 놓치는 경우가 있다. 그러나 『순자』는 대체로 현대의 논설문과 유사한 글쓰기 형식을 띤다. 그렇기에 앞뒤 문맥만 잘 파악하면서 읽어나가면 전체 맥락을 파악하는 데 큰 어

『논어』

『논어』는 공자가 죽은 후 그의 제자들이 스승의 말과 행동을 기록한 책이다. 공자의 삶의 향기가 묻어나고 사상이 집약된 자료로, 지금까지도 많은 사람에게 커다란 울림을 준다.

려움이 없다.

그런데, 현대의 시각으로 보면 이러한 『순자』의 편명과 글쓰기의 특징이 그리 새롭게 다가오지 않을 수 있겠다. 자기 생각이나 주장을 담은 문장을 논리적으로 전개하고, 내용을 함축하거나, 대표하는 단어와 문구를 제목으로 다는 것에 익숙하다 못해 당연하게 여기기 때문이다. 익숙함과 당연함은 일종의 관습과 관례이다. 그런데 『순자』는 익숙함과 당연함을 거부하고 어록 형식의 글쓰기 관습과 편명을 특별히 달지 않는 관례와 이별한 셈이다. 내가 어떤 부분에서 발전적 새로움이나 긍정적 변화를 기대한다면 지금까지 익숙하고 당연하다고 여긴 것을 한 번쯤 의심해보고 극복해보는 것도 하나의 방법이다. 물론 이러한 『순자』의 새로움은 어디까지나 유가(儒家)의 『논어』 『맹자』와 대비했을 때 도드라지는 특징이다. 일례로 비슷한 시기 도가(道家)에서는 운문 형식으로 쓰인 노자(老子, ?~?)의 『도덕경(道德經)』과 이야기 형식으로 쓰인 장자(莊子, 기원전 369(?)~289(?))

『도덕경』

『도덕경』은 노자의 사상이 담긴 책으로 『노자』라고도 불린다. 본래 도경(道經)과 덕경(德經)으로 나누어져 있었으나, 후에 둘을 합쳐 도덕경이라고 불렀다. 어떤 자료에서는 덕경이 도경보다 먼저 수록되어 있기도 하다. 81장, 대략 5,000여 자로 이루어진 비교적 짧은 분량의 고전에 속해 읽기 부담스럽지 않다. 그러나 그 속뜻을 이해하기는 쉽지 않으니 얕잡아보지는 말자. 무위자연(無爲自然), 곧 억지로 무언가를 하지 말 것과 물 흐르듯이 자연스럽게 살 것을 말하지만, 많은 전문가에 의해 상당히 정치적인 색채를 띤 서적으로 평가받는다.

의 『장자(莊子)』 등과 같이 다양한 형식의 글쓰기가 존재했기 때문이다.

　　마지막 세 번째 특징은 『순자』가 『논어』의 첫 번째 편명과 마지막 편명을 본떴다는 점이다. 『논어』의 첫 번째 편명은 「학이」인데 『순자』의 첫 번째 편명은 「권학」으로, 배움을 뜻하는 학(學)이 공통으로 들어간다. 『논어』의 마지막 편명은 「요왈(堯曰)」인데 『순자』의 마지막 편명은 「요문(堯問)」으로 중국 고대 전설의 성인이자 임금인 요(堯)가 둘 다 포함된다. 이렇게 체제를 흉내낸 것은 순자야말로 공자의 가르침을 제대로 이어받은 유학자임을 말하려는 밑그림으로 볼 수 있다. 그러나 이것이 순자 자신의 의도에 의해선지, 누군가의 의도에 의해 편집된 것인지 정확하게 알 수는 없다.

『장자』

『장자』는 장자의 사상이 담긴 책으로, 『남화진경(南華眞經)』이라고도 불린다. 내편 (內編) 7편, 외편(外編) 15편, 잡편(雜編) 11편으로 구성되어 있는데, 내편은 장자가 직접 쓴 것이고 외편과 잡편은 제자들을 비롯한 후대인에 의해 쓰인 것으로 추정 된다. 상당히 양이 많은데다 비유와 상징도 많아 그 의미를 바로 파악하기 힘들 다. 그러나 요사이 친절한 해설서가 많이 나와 있으니 미리 겁먹을 필요는 없다. 대체로 노자의 사상을 이어받았다는 평가지만, 정치적인 색채는 거의 없다. 자연 과 내가 하나가 되는 물아일체(物體一體)와 같이 일체의 욕망과 집착에서 벗어난 자유로운 정신을 추구할 것과 세상 모든 사물은 얼마든지 상대적일 수 있다는 점 등을 말했다.

순자는 「비십이자(非十二子)」에서 "지금 세상에는 사특한 주 장을 꾸미고 간악한 말을 꾸며내어 세상을 어지럽히고, 지나 친 거짓말과 아주 간사한 말로 세상을 혼란케 하여, 옳고 그름 과 안정되고 혼란함이 무엇인지 모르게 하는 사람들이 있다" 라고 하면서 당시 유행하던 제자백가 사상을 비판한다. 순자가 보기에 그들의 학설은 혼란한 세상을 바로잡기는커녕 세상을 더 혼란의 구렁텅이로 몰아넣기에 충분했다. 순자가 도가(道家), 묵가(墨家), 명가(名家), 법가(法家) 등의 제자백가를 비판한 까닭은 순수한 학문적 판단에 의해서일 수도 있겠지만, 무엇보다 유가 (儒家)가 다른 학파나 사상보다 바람직하고 우월하다는 것을 밝 히기 위한 목적이 있다고 볼 수 있다. 그런데 열두 명의 비판

노자와 장자의 초상.

대상에는 유가 인물도 들어 있다. 바로 자사(子思)와 맹자이다. 재미있는 것은 앞선 열 명을 비판하고서는 "그 주장에는 근거가 있고 그 말에는 조리가 있어, 어리석은 사람들을 속여 미혹시키기에 충분하다"(「비십이자」)라는 말을 똑같이 한 반면, 자사와 맹자에 대해서는 옛 법도와 공자의 가르침을 대충 본받았다고 하면서 끝까지 비판을 이어갔다는 사실이다. 또 「성악(性惡)」에서는 사람의 본성이 선하다는 맹자의 주장은 현실을 도외시한 잘못된 판단이라며 맹렬하게 몰아세우기도 한다. 유가로서 자부심과 책임감을 가졌던 순자가 보기에 세상의 혼란을 해결하는 데 있어 유가가 다른 학파나 사상보다 더 도움 되는 것은 맞지만, 옛 성현들의 뜻을 제대로 파악하지 못한 반쪽짜리 유가 사상은 전혀 도움이 되지 않는다는 것이다. 그런데 순자의 맹자에 대한 비판은 이전 학설에 대한 학자로서의 합리적 비판으로 볼 수도 있지만, 순자 자신을 돋보이게 하기 위한 장치로 볼 수도 있다. 자기 주장을 부각하고 입지를 굳히기 위해서는 종래의 유력한 학자나 학설을 비판하는 것이 가장 효율적인 방법이기 때문이다.

순자가 제자백가 사상을 비판한 데에는 앞서 보았듯이 직하학궁에서 여러 분야의 사상가들과 함께 오랫동안 논쟁하며 학문을 닦은 경험이 크게 작용했다. 여러 학설을 두루 공부하며 각 학설의 핵심은 물론 단점이나 오류를 파악할 수 있었기에 가능했다. 그런데 단점을 파악할 정도로 무언가를 오랜 시간 자세히 들여다보면, 의도적으로 무시하거나 거부하지 않는 이상 그것의 장점도 보이기 마련이다. 그리고 이는 자연스레 그것의 장단점과 자신(혹은 자기 생각)을 비교 및 대조하는 단계로 연결되어 나(혹은 내 생각)의 장단점을 깨닫는 결과를 낳는다. 순자 또한 그랬다. 그렇다면 순자는 그들의 장점을 어떻게 했을까? 순자의 선택은 대담했다. 그들의 장점을 받아들여 자기 학설의 부족한 점을 보완했다. 그래서 순자 사상에는 유가가 아닌 다른 제자백가 사상의 흔적을 쉽게 찾아볼 수 있다. 근래 학자들이 순자를 평가하기를, 전국시대 제자백가 사상을 비판적 시각으로 집대성한 유학자라고 하는 데에는 이런 연유가 있다. 그런데 이를 달리 표현하면 유가 사상의 부족함을 다른 사상으로 채운 것이다. 곧 순자 사상은 순수한 유가 사상이 아니라는 얘기다.

가까운 서점이나 도서관에 가보면 공자와 맹자에 관련된 서적은 책꽂이를 가득 채울 정도인 반면, 순자와 관련된 서적은 그 수가 상대적으로 초라하다. 이는 순자가 공자나 맹자에 비해 덜 알려졌다는 것을 의미한다. 그러면 덜 알려진 까닭은 무엇일까? 순자 사상이 형편없어서 그랬을까? 아무래도 후대인으로부터 좋은 평판을 못 받았기 때문일 것이다. 그래서일까? 순자는 유가의 이단(異端)으로 취급받기도 한다. 공자를 성인으로 추앙하고 맹자를 성인에 버금가는 현자(賢者), 곧 아성(亞聖)이라고 일컫는 것과는 사뭇 다르다. 당나라 시절 유학자 한유(韓愈, 768~824)는 맹자를 이른바 도통(道統)에 포함해야 한다고 처음 주장한 사람으로 알려졌는데, 그는 순자를 '대체로 순수하지만, 작게는 흠이 있다'고 평가했다. 그러니까 순자 학설의 바탕과 내용 그리고 지향하는 바는 분명히 유가이지만, 당시 세상을 혼란으로 진단하는 과정과 그 혼란을 극복하는 구체적

· Concept Word ·

도통

도통은 유학에서 도(道)가 전승된 계통을 이른다. 이는 당나라 때 한유도 언급하
였지만, 송나라에 와서 다시 회자되다가 주희에 의해 확립되었다. 그에 따르면 도
통은 '요(堯) — 순(舜) — 우(禹) — 탕(湯) — 문왕(文王) — 무왕(武王) — 주공(周公) —
공자 — 안연(顔淵) — 증자(曾子) — 자사(子思) — 맹자 — 정호(程顥)·정이(程頤)'로
이어진다. 그리고 후대인에 의해 주자도 도통에 들어간다.

방법에 있어서는 기존 유가 사상과 거리가 있다는 것이다. 앞
서 봤듯이 유가에 제자백가 사상을 보탠 것이지, 순수한 유가
는 아니라는 말이다. 그래도 한유의 비판에서는 애틋함이 느껴
질 정도다. 송(宋)나라 이후 유학자들은 순자를 매우 거칠게 비
판했기 때문이다. 심지어 『순자』를 읽는 것도 금기시 했고, 이
러한 분위기는 우리나라에도 영향을 미쳤으며 그 영향은 생각
보다 오랫동안 지속되었다.

순자를 발판 삼아 철학하기

순자의 철학 사상이라 하면 무엇이 가장 먼저 떠오르나?

성악설(性惡說)을 떠올린다면, 당신은 대한민국 교육과정을 충실히 이수했거나 그에 상응하는 학습을 한 사람일 확률이 높다. 성악설은 학창 시절 도덕이나 윤리 시간에 맹자의 성선설(性善說)과 비교 및 대조하며 배운다. 그리고 그 분량과 자세함은 둘째로 치더라도 인간 본성과 관련한 자료에서 순자 성악설은 빠지지 않고 등장하기 때문이다.

그렇다면 순자의 성악설은 어떤 의미를 품는지 말해보자.

혹시 '생각할 게 뭐 있어? 성선설이 사람의 본성은 선하다는 말이니까, 성악설은 사람의 본성은 악하다는 말 아냐?'라고 대답했다면, 아마도 당신은 주입식 교육의 수혜자이자 피해자일 확률이 높다. 깊게 생각하지 않아도 성악설은 사람의 본성은 악하다라는 의미를 지녔다고 말할 정도로 익숙하니 수혜자고, 성악설에 대해 자신만의 생각을 하지 못하거나 더 이상 생각할 의미와 가치를 별로 느끼지 못하기에 피해자일 수 있다는 것이다. 그렇다고 대답이 잘못되었다는 말은 아니니 마음 상해하시지 마시라. '성악'은 본성을 의미하는 성(性)과 선(善)의 상대어인 악(惡)으로 이루어진 단어이고, '설(說)'은 의견, 주장, 학설 따위를 말하는 것이니, 성악설은 틀림없이 사람의 본성은 악하다는 의견·주장·학설이다. 그러나 이는 글자의 의미로만 풀이한 점을 간과해서는 안 된다. 어떤 용어의 의미가 겉으로 단박에 드러나는가 하면 톺아보아야 의미가 확연해지는 것이 있는데, 순자 성악설은 바로 후자에 속한다. 따라서 성악설의 참뜻과 그것을 주장한 순자의 속뜻을 아는 데에는 관심의 시간이 다소 필요하다. 여러분은 이미 관심을 가졌기에 이 책을 읽고 있다. 그리고 시간이 지나 다 읽어갈 때 즈음이면 순자 성악설의 진짜 의미와 맥락을 어느 정도 이해할 것이다. 그런데 좀 더 효과적인 맥락 파악과 내용 이해를 위한 지름길은 없을까? 안타깝게도 지름길은 없고 정도(正道)만 있을 뿐이다. 그 올바른 길은 바로 생각하면서 읽기이다. 물론 그냥 막연히 생각하는 것이 아니라, 무언가에 대해서 구체적이고 논리적으로 생각하는 것은 세상에서 가장 귀찮고 힘들고 난감한 일이기는 하다. 그러나 이번을 계기로 생각하면서 읽기를 연습한다면 새로운 도전의 의미가 있을 것이고, 예전부터 생각하면서 읽기를 해온 분들은 좋은 습관을 이어간다는 측면에서 의미가 있을 것이다.

『순자』에 나와 있는 인지성악(人之性惡), 곧 사람의 본성은 악하다는 문구를 보면서, '아, 그렇구나', 혹은 '무슨 말도 안 되는 소리야'라고 단순하게 이해하고 넘어가기보다는, 그가 말한 '사람[人]·본성[性]·악(惡)은 과연 무엇이며 그것들은 각각 어떤 내용을 담을까?' 그리고 '순자가 사람의 본성은 악하다고 주장한 근거는 무엇이며, 까닭은 무엇일까?' 또한, '그 주장을 통해 순자가 이루고자 한 목적은 무엇이고, 목적을 달성하기 위한 구체적 방법으로는 어떤 것을 제시했으며, 방법의 실현 가능성은 어느 정도일까?' 같은 구체적 질문을 던져볼 것을 권한다. 분명 보다 넓고 깊은 이해와 비판적 독해에 도움이 될 것이다.

성악설을 비롯해 하늘과 사람은 각자의 역할이 있다는 천인지분(天人之分), 악한 본성을 인위적 노력을 통해 변화시켜 선한 개인과 세상을 만들자는 화성기위(化性起僞), 오래전 성왕(聖王)

법후왕

공자와 맹자는 요순 같은 예전의 성왕을 본받자는 법선왕(法先王)의 입장이다. 그러나 순자는 옛날 성왕의 발자취는 시간이 너무 지나 자세히 알기 어렵다고 보았다. 그렇기에 현재와 가까운 시점의 성왕을 본받자는 것이다. 후대 성왕의 예(禮)는 명백하게 갖추어져 있으므로 당대 문물의 제도로 삼을 수 있고 검증해 본받을 수 있다고 여겼다. 곧 법선왕이든 법후왕이든 앞선 시대의 성왕을 본받자는 것은 같다. 그러나 순자는 그 실체를 명확히 알 수 있는 것을 우선으로 삼자는 것이다.

보다는 후대의 성왕을 본받자는 법후왕(法後王), 예(禮)를 드높이고 법(法)을 중시하자는 융례중법(隆禮重法), 정치의 중요성을 힘주어 말하고 그 정치의 중심에 있는 지도자의 자격과 역할의 무거움을 강조함과 동시에 왕도(王道)정치가 최선이지만 패도(覇道)정치도 차선으로 인정하자는 등의 순자 사상은 대체로 사람 중심이고 현실적이라는 평가를 받는다. 그런데 인문주의와 현세주의는 유가 사상의 대표적 특징이다. 그렇다면 순자를 유가 사상을 제대로 계승한 사상가라고 볼 수도 있지만, 앞서 봤듯이 그는 유가의 이단아로 불린다. 그리고 그렇게 불리는 까닭의 중심에는 성악설이 있다.

　이쯤에서 생각해보자. 사람의 본성은 어떠할까? 자의든 타의든 한 번쯤 생각해보았을 문제일 테다. 기존 학설은 선하다, 악하다, 선도 없고 악도 없다, 선과 악이 혼재한다 등으로 분분하다. 곧 정답이 없는 셈이다. 그렇기에 여러분의 생각도 다양할 것이다. 지금껏 살아오며 보고 듣고 느낀 점이 서로 다르고, 그런 서로 다른 경험을 바탕으로 각자 생각을 정리하기에 당연한 결과다. 어쩌면 사람의 본성이 어떠한지는 풀 수 없는 문제일 수도 있다. 그렇다면 이번엔 사람의 본성은 어떠해야 하는가에 대해서 생각해보자. 이에 대한 대답도 각자 다르다. 그러나 사람의 본성은 어떠한가라는 문제보다는 비교적 생각이 좁혀진다. 본질이나 현상에 관한 문제가 아닌 당위의 문제이기 때문이다. 물론 마키아벨리(Niccolò Machiavelli, 1469~1527)같이 악함이 필요할 때는 악해야 함을 주장하는 경우도 있겠지만, 대체로 선해야 한다는 데에는 동의한다. 아, 여기서 그것이 교육에 의해서인지 경험에 의해서인지, 혹은 직관에 의해서인지 같은 문제는 잠시 미뤄두자. 알다시피 맹자는 분명 선한 세상을 꿈꾸었다. 그런데 순자도 마찬가지였다. 다만 맹자는 본성의 본질이 선하니 각자가 그 선함을 잘 보존하고 확장하면 선한 세상을 만들 수 있다고 했고, 순자는 본성의 현상이 악하니 각자가 그 악함을 선으로 변화시킨다면 선한 세상을 만들 수 있다고 했다. 곧 둘 다 자신을 둘러싼 현실을 혼란하다고 진단한 것과 그 혼란을 극복하기 위해서는 사람이 마땅히 선해야 함을 말하고 그런 사람들로 가득한 선한 세상을 지향한 점은 같

마키아벨리

마키아벨리는 이탈리아 출신의 정치사상가로 『군주론』의 저자이다. 당시 이탈리아는 다섯 개의 나라로 분열되어 중국의 전국시대와 같은 혼란에 놓여 있었다. 마키아벨리는 혼란을 잠재울 방법은 분열이 아닌 통합에 있다고 보았고, 그러기 위해서는 사자의 용맹함과 여우의 꾀를 가진 군주가 나타나 이탈리아를 통일하는 길밖에 없다고 여겼다. 현실 정치는 도덕과 윤리와는 별개의 것으로 통합이라는 목적을 달성하기 위해서는 수단과 방법을 가리지 않아야 한다고 주장했다.

다. 하지만, 본성의 본질과 현상 가운데 어느 것에 주안점을 두느냐가 달랐고, 이 지점에서 두 사람에 대한 후대 사람들의 평가가 엇갈린다.

자, 힘들 수 있겠지만 또 생각해보자. 본성이 어떠한지 여전히 답할 수 없는 상황에서 본성의 본래 성질을 이야기하는 것이 얼마나 의미가 있을까? 그러기보다 우리는 본성이 겉으로 드러난 상태를 잘 관찰하고 파악한 후 문제가 되는 부분을 고쳐나가는 편이 더 의미 있지 않을까? 이쯤 되면 너무 순자의 처지에서만 이야기하는 것이 아니냐는 의문이 들 수 있다. 순자 사상을 소개하는 글이기에 충분히 그렇게 생각할 수 있겠다. 그러나 오해는 없기를 바란다. 순자 철학과 사상이 나름의 특징은 있지만, 다른 것에 비해 절대 우월하거나 독보적이지는 않다. 수많은 철학 사상 가운데 하나일 뿐이다. 게다가 그를 잘 안다고 내 삶이 갑자기 풍요로워지는 것도 아니다. 다만 독자들이 좀 더 비판적 시각으로 순자 사상을 비롯해 여러 철학 사상을 바라봄으로써 단편적인 이해를 넘어 자신의 관점과 가치관 등을 형성하는 데 도움이 되기를 바란다.

공자를 닮고 싶었던 순자, 그를 둘러싼 인물들

공자를 유가의 창시자라고 부른다. 공자 이전에도 유가 사상이라고 할 수 있는 것은 있었지만, 그 틀을 마련하고 체계적 연구와 교육을 한 사람이 공자이기에 그렇게 부르는 것이다. 그런 공자를 따른 제자는 3,000여 명에 달했고 그 가운데 주요 인물만 해도 72명이었다. 그러니까 공자 사상을 계승한 사람은 한둘이 아니라는 얘기다.

공자를 계승한 인물 가운데 가장 유명한 사람은 단연 맹자다. 맹자는 공자의 손자인 자사(子思)의 문하생에게서 학문을 배웠고, 『맹자』에 공자가 수차례 언급되고 그를 성인으로 추앙하는 내용이 나오기에, 맹자를 공자 사상을 계승 발전시켰을 뿐 아니라 유가 사상을 전파한 인물로 평가하기에 손색이 없다. 게다가 송대 성리학자들이 인간 도덕성의 근원을 맹자 성선설에서 찾고서는 그를 이른바 도통(道統)에 넣으면서 그러한 평가는 더욱 확고해졌다.

순자도 공자의 영향을 많이 받은 철학 사상가다. 『순자』가 『논어』의 편제를 흉내내고, 대놓고 공자의 자(字)인 「중니(仲尼)」라는 편을 담으며, 공자의 언행을 많이 다룬다는 것 등에서 그만큼 순자가 공자를 닮고 싶어했고 계승하고자 했다는 것을 알 수 있다. 그러나 순자의 학문 계통은 분명치 않다. 「비십이자」에는 "위로는 순임금과 우임금의 제도를 본받고, 아래로는 공자와 자궁(子弓)의 뜻을 본받아야 한다"라는 구절이 나오는데, 이를 바탕으로 순자를 자궁의 제자로 보기도 한다. 그런데 문제는 자궁이라는 사람의 정체가 불분명하다는 것이다. 자궁이 공자의 제자인 중궁(仲弓)이라는 얘기도 있고 간비자궁(馯臂子弓)이라는 말도 있으나 확실치는 않다. 그런가 하면, 순자를 자하(子夏)의 먼 제자로 보기도 한다. 자하는 공자의 제자 가운데에서 예(禮)를 특히 강조했고 경학(經學)에 조예가 깊었는데, 이런 부분에 순자가 영향을 받았다는 것이다.

그러나 공자의 사상을 계승했다는 이들 가운데 유독 순자에 대한 평가는 차갑다. 앞서 살펴보았듯, 순자가 직하학궁에서 제자백가 사상을 두루 접했던 경험은 자신의 사상을 풍성하고 치밀하게 만들어주기도 했지만, 후대 유학자들이 자신을 공격하는 빌미가 되었다. 순자의 사상에는 유가가 아닌 다른 사상의 흔적이 많았고, 맹자 성선설을 공격하며 성악설을 주장했기에 송대 성리학자들의 눈밖에 난 것이다. 송대 성리학자들의 눈에는 순자가 맹자의 권위에 맞서는 것으로 보였을 테고, 맹자의 권위가 위협받는 것은 자신들의 논리 근거가 위협받는 것과 다름없었다. 그런데 순자가 비판받는 까닭은 여기서 그치지 않는다.

유가의 정치 사상은 왕도정치를 지향한다. 공자는 줄곧 인치(仁治)와 덕치(德治)를 주장했고, 맹자는 여러 제후에게 왕도정치의 정당성을 설파하는 데 일생의 대부분을 쏟아부었다. 물론 순자도 인의(仁義)를 바탕으로 한 다스림이 무엇보다 중요함을 잘 알았다. 그러나 순자의 눈앞에 펼쳐진 현실은 참혹했다. 왕도정치를 펼칠 뜻을 품은 지도자도 보이지 않고, 왕도정치를 펼칠 수 있는 바탕도 되지 않았다. 힘만이 군림하는 전국시대 말기 약육강식의 현실에서 왕도정치는 허울뿐인 이상이었다. 그래서 순자는 이상과 현실의 타협을 꿈꾸었다. 순자는 힘으로 세상을 다스리는 패도정치를 일정 정도 인정한다. 이미 힘이

왕도정치와 패도정치

왕도정치는 왕이 인의(仁義)를 체득하여 덕(德)으로써 세상을 다스리는 것을 말한다. 패도정치는 무력이나 권모술수로 세상을 다스리는 것을 이른다. 법가의 정치 사상이 대체로 패도에 가깝지만, 주나라 천자의 영향력이 약해진 춘추시대부터 제후국들은 이미 패도를 일삼았다.

좌지우지하는 세상이라면, 가장 힘이 센 나라가 세상을 평정해 전쟁을 끝냄으로써 혼란을 어느 정도 잠재울 수 있다고 보았다. 급한 불부터 먼저 끄고 보자는 것이다. 그리고 왕도정치는 통일 제국이 만들어진 다음에 펼치면 된다고 여겼다. 그러나 공자와 맹자는 패도를 절대 인정하지 않았고, 유가 사상 어디에서도 패도에 대한 긍정을 찾아볼 수 없다는 점은 후대인들이 순자의 유가로서의 순수성을 의심하기에 충분한 요소가 되었다.

스스로 공자를 계승한 진정한 유학자임을 밝힌 순자가 다소 억울하고 마음 상할 평가도 있다. 순자는 유가 사상가가 아니라 법가 사상가라는 것이다. 패도를 전적으로 긍정하고 법을 숭상한 부류는 법가 사상가들인데, 순자도 패도를 인정하고 법과 제도를 중시하니 충분히 법가가 아니냐는 의심을 받을 수는 있다. 그러나 순자 사상을 자세히 들여다보면 얘기가 달라

이사

이사는 순자의 제자로 초(楚)나라 출신이다. 진시황이 천하를 통일하는 데 혁혁한 공을 세워 재상의 자리까지 올랐다. 그 후 군현제 실시, 도량형 통일, 분서갱유를 통한 사상의 통일 등을 감행했다. 진시황이 지역 순방 중에 죽자 자신의 안위를 위해 환관 조고와 결탁하여 유서를 조작해 첫째 부소가 아닌 둘째 호해가 황제가 되는 일에 가담했다. 그러나 결국 조고의 모함에 의해 형장의 이슬로 사라졌다.

진다. 순자는 사람의 내면에는 선(善)의 실마리가 없기에, 외재적 선의 기준을 마련해 사람들을 선으로 이끌어야 한다고 여겼다. 외재적 선의 기준은 바로 성인이 만든 예(禮)와 법(法)이다. 그러나 순자는 어디까지나 예를 먼저 내세웠지, 법을 먼저 내세우지 않았다. 순자 사상에서 예는 사람이라면 궁극적으로 추구해야 할 도리이며 어지러운 세상을 바로잡는 최선의 수단이지만, 그래야 한다는 당위만 있을 뿐 그 안에 자생적 동기나 강제성이 없다. 그렇기에 차선으로 적극적인 강제성을 띤 법이라는 수단을 강조한 것이다. 마치 정치 제도에서 왕도가 우선이고 최선이지만 현실 문제로 인해 패도를 차선으로 인정한 것과 닮은 꼴이다.

순자 사상의 정체성에 대한 추궁은 여기서 멈추지 않는다. 이번엔 순자 자신이 아니라 그의 제자인 이사(李斯, ?~기원전 208)와 한비자(韓非子, 기원전 280(?)~233)가 문제가 되었다. 이사는 진

한비자

한비자는 순자의 제자로 한(韓)나라 귀족 출신이다. 기존의 법가 사상을 집대성한
『한비자』라는 책을 남겼다. 한비자는 다소 어눌한 말투를 지녔지만, 진시황이 통
일을 하기 전에 그의 사상을 듣고 한 번이라도 만나 함께 일하고 싶다고 할 정도
로 뛰어난 사상과 문장력을 가졌다. 정왕(후의 진시황)은 한비자를 몇 차례 초대했
지만, 한비자는 응하지 않았다. 그러자 정왕은 한비자를 끌어들일 심산으로 한나
라를 공격했다. 정왕의 계산대로 한비자가 사신으로 진나라에 와 공격을 멈출 것
을 청했다. 그러나 화친이라는 목표 달성은커녕 오히려 동학(同學)인 이사의 질투
심을 불러일으켰고, 결국 이사의 계략에 빠져 감옥에 갇혀 사약을 먹고 죽는 신세
가 되었다.

나라가 법가 사상을 바탕으로 천하를 통일하는 데 결정적으로
역할했고, 한비자는 기존의 법가 사상을 집대성한 것으로 평가
받는 인물이다. 그들은 특히 순자의 성악설을 적극적으로 받아
들여 사람을 끝없는 욕구를 가진 이기적 존재로 보았다. 그렇
기에 개인의 각성과 노력에 기대어서는 세상의 혼란을 잠재울
수 없고, 법과 같은 외재적이면서도 일률적인 제도를 정립해
공평하고 엄격하게 적용해야지만 세상의 혼란을 바로잡을 수
있다고 주장했다. 나아가 그들은 유가 사상을 비현실적이라고
비판하기까지 했다. 곧 스승과 제자가 혼란의 해결이라는 문제
의식은 공유했지만, 문제를 해결하는 길은 서로 엇나간 것이
다. 이렇듯 법가 사상을 대표하는 인물들이 제자라는 점은 순

순자의 제자인 이사와 한비자의 초상.

자의 유학자로서의 입지를 흔들기에 충분하다. 콩 심은 데 콩 나고, 팥 심은 데 팥 나야 하는데, 그렇지 않았기 때문이다.

그러나 제자들이 결과적으로 법가 사상가가 된 것이 온전히 순자의 잘못이라고 볼 수 있을까? 순자는 「비십이자」와 「정론(正論)」에서 법가 사상을 비판하며 그들의 사상은 세상을 다스리는 기준이 될 수 없다고 잘라 말했다. 그리고 「의병(議兵)」에서는 진나라가 다른 나라보다 강력한 까닭은 법과 같은 편리한 수단으로 일을 처리하기 때문이라는 이사의 말에, 너같이 인의(仁義)·예(禮)와 같은 근본에서 혼란의 해결책을 구하지 않고 법과 같은 말단에서만 찾으니 세상이 더욱 혼란해지는 것이라고 면박을 줬다. 이러한 점을 고려하면 순자는 제자들이 법가 사상가가 되기를 기대한 것은 아니었음을 알 수 있다. 줄곧 제자들에게 유가 사상의 정당성과 중요성을 말했기 때문이다. 그렇다고 무조건 유가 사상가가 될 것을 강요하지도 않았던 것 같다. 이 지점에서 유학자로서의 사명감을 가지고 유가 사상의 진수를 전달함으로써 제자들을 유학자의 길로 이끌어야 했는데, 그러지 못했던 순자를 비판할 수 있겠다. 그런데, 제자들의 생각을 함부로 좌우하지 않고 학문과 사상의 자율성을 보장한 열린 마음의 스승이었다는 평가는 할 수 없을까?

기존 지식과 정보를 충실히 전달하는 것은 물론이거니와 자신만의 시각과 관점으로 세상을 관찰하고 이해할 수 있도록 도움을 주는 것도 스승의 역할이다. 이런 면에서 고전으로서의『순자』와 그 저자인 순자는 충분히 현대인의 길잡이와 스승이 될 만하다. 지식과 정보 제공은 물론이고 세상을 이해하는 다양한 시각을 간접 체험하게 도와주며 올바른 삶의 방향성과 세상의 청사진을 제시하기는 하지만 이래라저래라 강요하지는 않기 때문이다.

선한 세상의 실마리를 찾아서

　순자는 자신이 살던 시대를 혼란하다고 규정했다. 그리고 혼란을 악(惡)이자 해결해야 할 문제로 여겼다. 그는 세상과 사람들을 관찰한 후, 혼란의 궁극적 원인은 하늘도 땅도 아닌 사람의 욕구라는 사실을 깨달았다. 사람의 욕구는 끝이 없는데 재화는 한정되어 있으니 반드시 서로 가지려고 다투고, 서로 다투면 세상은 혼란해지고, 세상이 혼란해지면 모두가 곤란해진다는 것이다.

　순자는 선한 세상을 꿈꾸었다. 그런데 순자가 생각하는 선은 우리가 일반적으로 생각하는 이른바 착함이나 착한 심성과는 거리가 멀다. 그렇다면 그가 생각한 선은 무얼까? 혼란을 악으로 규정했다는 사실을 떠올린다면 쉽사리 답이 떠오를 것이다. 순자는 질서정연함과 그것이 실현된 세상을 선으로 여겼다. 그러나 그가 바라본 사람의 내면에는 혼란을 일으킬 끝없는 욕구는 있을지언정 선의 실마리가 되는 것은 찾아보기 힘들다. 그렇기에 예(禮)와 같은 외재적 선의 기준을 마련한 후, 사람들 모두가 그것을 바탕으로 공부하고 반성하고 실천하는 노력을 한다면 혼란한 세상이 아닌 질서정연한 세상이 될 것이라고 믿었다.

그러나 순자는 개인의 노력에만 기대서는 선한 세상을 만들기 힘들다는 사실도 잘 알았다. 사람은 사회적 동물이고, 어떤 사회든 그 사회를 이끄는 사람이나 무리가 있기 마련이며, 그들의 영향력은 다수의 평범한 구성원보다 더 넓고 크며 강하기 때문이다. 곧 예전의 왕이나 지금의 대통령과 같이 한 사회를 이끄는 사람과 무리가 어떤 생각을 품으며 어떤 행동을 하느냐에 따라 세상은 얼마든지 혼란에 빠질 수도 있고 질서정연해질 수도 있다는 것이다. 순자가 살던 시대가 이를 잘 말해준다. 전국시대 말기는 말 그대로 여러 나라가 중원을 차지하기 위해 쉴 틈 없이 전쟁을 벌이던 때다. 전쟁은 사람들의 일상을 무너뜨리고 삶의 터전을 황폐하게 하며 사람들에게 생명의 위협에서 한시도 자유로울 수 없는 극도의 불안함을 준다. 모름지기 전쟁은 사람이 만드는 혼란 가운데 가장 심각하다. 그런데 전쟁을 결정하는 자들은 위정자들이지만, 정작 전장에서 직접 전투를 펼치는 이들은 대부분 백성이고, 전쟁에 필요한 물자를 생산하고 공급하는 이들도 백성이다. 곧 다수의 힘없는 사람들은 자신들의 의도와 상관없이 전쟁이라는 혼란에 휩말렸고, 그 악조건 속에서 가장 큰 피해를 보았다. 따라서 순자가 사회적 노력의 일환으로 정치의 중요성을 강조하는 것은 당연한 결과다.

혼란은 순자 시대의 전유물이 아니다. 구체적 모양새가 다르고 정도의 차이가 있을 뿐, 순자 시대 이후에도 혼란은 있었다. 굳이 특정 역사적 사실을 거론하지 않아도 알 수 있을 정도다. 어쩌면 지금 시대도 물질만능주의, 무한경쟁, 빈부격차, 공정과 상식의 실종, 이해와 배려의 상실, 다양한 갈등 현상, 현명한 지도자의 부재 등의 문제로 혼란하다고 할 수 있다. 물론 어떤 사람들은 지난 시대와 대비하면 오히려 여러모로 살 만하다고 하면서 지금의 혼란을 부정하거나, 어느 때이건 혼란하지 않은 적이 있었냐며 지금의 혼란을 대수롭지 않게 여기기도 한다. 그러나 생명의 존엄성을 위협하고 개인의 자유를 억압하며 사람의 가치가 돈이나 지위로 환산되고 옳고 그름을 판단할 수 있는 바탕조차 희미한 시대는 때를 막론하고 혼란하다고 말할 수 있다.

앞으로 우리는 혼란의 원인을 밝히고 해결책을 제시한 『순자』의 내용을 대략 살펴볼 것이다. 그러나 순자가 살았던 시대와 지금은 단순히 시공간의 차이만 있는 것이 아니라, 정치·경제·사회·문화적으로도 상당히 다르기에 그의 사상을 오늘날에 그대로 적용하기에는 무리가 있다는 것은 불 보듯 뻔하다. 그렇다면 순자의 현실적이면서도 이상적이고 유연하면서도 엄정한 사상은 우리가 지금의 혼란을 이해하고 해결하는데 어느 정도의 도움을 줄 수 있을까? 이는 이 책의 끝 부분에 다다랐을 때 여러분 스스로 판단하고 평가하기에 달렸다. 그리고 만약 도움 되는 것이 있다면, 그것을 어떻게 하면 오늘날에 맞게끔 재해석하고 활용할 것인지도 여러분, 아니 우리의 몫이다.

2장

『순자』 읽기

세상이 혼란한 까닭은 무엇일까

순자는 세상의 혼란을 문제로 인식하고 해결하고자 했다. 그런데 그가 말한 혼란의 모습과 해결의 방법을 알기 위해서는 그가 파악한 세상을 먼저 살펴보아야 한다. 세상은 사람[인(人)]과 사람을 둘러싸고 있는 하늘[천(天)]과 하늘에서 비롯된 만물로 구성되어 있다. 따라서 순자 사상을 좀 더 편하게 이해하기 위해 그가 사람과 하늘, 그리고 만물을 어떻게 바라보았는지와 하늘과 사람의 관계를 어떻게 설정했는지 우선 알아보자.

옛사람들은 비가 오랫동안 오지 않으면 비를 기원하는 의식인 기우제(祈雨祭)를 지냈다고 한다. 그렇다면 사람들은 누구에게 비를 내려주기를 바란 것일까? 비는 하늘에서 내리는 것이니, 아무래도 하늘에 바랐을 것이다. 비가 내리기를 하늘에 간절히 바라면 하늘이 그 간절함을 알고 불쌍히 여기거나 가상히 여겨 비를 내려준다고 믿은 것이다.

여기서 잠깐, 하늘은 과연 생각하는 능력을 지녔을까? 천인상응(天人相應)이라는 말이 있다. 하늘과 사람은 서로 응한다는 의미다. 그런데 무언가에 응하려면 최소한의 인지 능력이 있어야 한다. 알다시피 사람은 인지 능력을 가졌다. 그렇기에 사람은 내외부의 자극에 반응한다. 그럼 하늘은 어떨까? 천인상응의 논리에 따르면 하늘도 사람과 유사한 생각하는 능력과 감정 같은 것이 있다는 말이다. 그러니까 사람들이 착한 행동을 하면 하늘이 감동해 제때 비를 내려주고, 사람들이 나쁜 짓을 저지르면 하늘이 노여워하면서 폭우를 내리거나 우박을 내리는 식이다. 현대의 우리가 자연 현상으로 여기는 것들을 옛사람들은 하늘의 뜻, 하늘의 의지 표현으로 생각한 것이다. 물론 천인상응 혹은 천인감응(天人感應)은 전한(前漢) 시대 유학자 동

· Concept Word ·

동중서

동중서는 전한 무제(武帝) 때 재상을 지낸 인물이다. 동중서에 의해 비로소 유학이
국시로 자리잡기 시작했다. 그가 주장한 천인감응설은 황제가 올바른 정치를 펼
치기를 바라는 마음에서 비롯된 것이기도 하지만, 의도와는 달리 이른바 왕권을
강화하는 결과를 가져왔다는 평가도 있다.

중서(董仲舒, 기원전 176(?)~104)가 황제의 정치 행위를 초월적인 하
늘과 연관시키기 위한 정치적 의도로 주장한 것이라고 하지만,
고대 사람들은 대체로 하늘과 사람의 관계에 관심이 많았으며,
대부분 하늘을 사람과 유사한 의식과 의지, 감정 등을 가진 존
재로 인식해 받들고 따라야 할 대상으로 여겼다. 첨단 과학이
발달하고 우주 개발을 하는 현대에도 종종 인격적 하늘을 말
하고 숭상하는 경우가 있으니 그 옛날에는 어떠했을지 짐작이
가능할 것이다.

그러나 순자는 하늘을 다르게 보았다. 순자는 "하지 않아
도 이루어지고 구하지 않아도 얻어지는 것이 하늘이 하는 일
이다"(「천론」)라고 했다. 무언가 하는 것은 의지 표현을, 구한다
는 것은 욕구의 발현을 말한다. 그런데 하늘의 일은 그런 것이
없어도 저절로 이루어진다는 것이다. 곧 하늘은 의지나 욕구
가 없다는 말이다. 또 "하늘은 사람들이 추위를 싫어한다고 해

서 겨울을 없애지 않는다"(「천론」)라고 말하면서, 하늘은 감정이 없어 사람들이 추위로 고통을 받아도 불쌍히 여기는 일이 없다고 단언한다. 좀 전에 '저절로 이루어진다'는 표현이 있었는데, 저절로 그러한 존재를 우리는 뭐라고 부르나? 바로 자연(自然)이다. 그러니까 순자는 하늘을 사람과 같이 생각하는 능력과 의지, 감정, 욕구 등을 가진 존재로 본 것이 아니라, 그냥 자신의 규칙에 따라 저절로 이루어지는 자연으로 본 것이다. 따라서 하늘은 선악(善惡)이나 인의(仁義), 덕(德)과 같은 도덕적이고 가치적인 요소를 전혀 지니지 않는다.

어느 날 어떤 사람이 순자를 찾아와 "기우제를 지내니까 비가 오던데?"라고 물었다고 한다. 사람들이 진심으로 하늘에 비를 바라니까 하늘이 감동해서 그런 거 아니냐고 따져 묻고 싶었던 거다. 그러나 순자의 대답은 단호했다. "기우제와 별 관련이 없다. 기우제를 지내지 않아도 비가 온다."(「천론」) 그러니까 비가 온 것은 맞지만, 기우제를 지낸 것과 상관없이 비가 올 때가 되었기에 왔다는 대답이다. 한번 생각해보자. 어느 정도 비가 안 왔을 때 기우제를 지냈을까? 며칠 비가 안 왔다고 기우제를 지내지 않았을 것은 삼척동자도 안다. 그럼 한 달 정도 비가 안 왔을 때 지냈을까? 아마 한 달 정도면 기우제를 심각하게 고려하기 시작했을 것이다. 보통 그렇게 비를 기다리는 동시에 기우제 지낼 시기를 저울질하면서 시간을 보내다가 가뭄의 막바지에 이르러서야 비로소 기우제를 올렸다고 한다. 그러니 자연 현상으로 비가 올 때쯤에 기우제를 지낸 것이니까, 기우제와 별 관련 없이 비가 왔다는 말이다.

그런데 웬걸, 순자는 그래도 "기우제는 지내야 한다"라고 말한다. 이건 앞서 한 얘기와 앞뒤가 안 맞는 생뚱맞은 말이 아닌가! 그러나 순자가 그렇게 말한 데에는 다 이유가 있다. "기우제를 지내면 비가 온다고 여기는 것이 아니라, 형식을 갖추어 위안을 얻는 것이다"(「천론」)라는 말에서 알 수 있듯이, 오랜 가뭄으로 힘들고 지친 마음을 기우제라는 의식을 치르면서 어루만져야 한다는 것이다. 기우제에는 많은 사람이 함께하겠지만, 직접 제를 올리는 것은 보통 어떤 집단의 우두머리가 대표로 했다. 예전엔 왕이나 수령이 지냈을 것이다. 그러니까 순자의 말은, 왕이나 수령은 오랜 가뭄으로 백성들이 힘들어하면 일종의 격식을 갖춘 행사를 벌여 그들을 위로할 의무가 있다는 의미다. 곧 순자에게 기우제는 하늘을 숭상하는 의식이나 비를 바라는 행위가 아니라, 위정자가 민생을 살피고 애민을 실천하는 차원의 일이다.

2 혼란의 원인은 사람

순자는 "예나 지금이나 세상에서 선하다고 하는 것은 바르고[정(正)] 고르며[리(理)] 이치가 바로잡히고[평(平)] 잘 다스려진[치(治)] 것이며, 악하다고 하는 것은 편벽되고[편(偏)] 음험하며[험(險)] 이치가 어그러지고[패(悖)] 어지러운[난(亂)] 것이다"(「성악」)라고 했다. 잘 다스려지고 질서가 잡힌 세상은 좋고[선(善)], 잘 다스려지지 않고 무질서한 세상은 나쁘다[악(惡)]는 말이다. 곧 순자가 말하는 선과 악은 이른바 심성의 착함과 못됨과는 거리가 멀다.

순자는 자신의 시대를 혼란하다고 규정했고, 어떻게 해서든 혼란이라는 악을 해결해 잘 다스려지고 질서정연한 선한 세상을 만들고자 했다. 어떠한 문제든 그 원인을 알아야 제대로 해결할 수 있기에, 순자도 세상이 혼란한 까닭은 무엇인지를 찾고자 했다. 그는 먼저 "세상이 잘 다스려지거나 어지럽게 하는 것은 하늘인가, 계절인가, 땅인가?"라는 의문을 가졌다. 홍수나 가뭄, 산사태, 지진, 일식, 월식, 유성, 해일 등과 같은 이상 자연 현상이 일어났을 때 세상은 혼란해지기도 하기에 충분히 할 수 있는 질문이다. 그러나 이내 "해와 달과 별들이 하늘에서 일정하게 움직이는 것과 봄에 경작물의 싹이 트고 여름에 무성하게 자라며 가을에 거두어들이고 겨울에 쌓아놓고 저장하는 것, 땅을 얻으면 살 수 있고 땅을 잃으면 죽는 것은 어진 임금인 우임금 때나 난폭한 임금인 걸왕 때나 같았다. 그러나 우임금 때는 세상이 잘 다스려지고 걸왕 때는 세상이 어지러웠으니 잘 다스려지고 어지럽게 하는 것은 하늘도 계절도 땅도 아니다"(「천론」)라고 잘라 말했다. 하늘, 계절, 땅은 일정한 규칙을 가지고 운행하는 자연으로서 아무런 감정이나 의지, 목적이 없기에 세상이 잘 다스려지거나 어지러워지는 것에는 어떠한 영향도 주지 않는다는 것이다. 그리고 이상 자연 현상이 일어나는 것은 일정한 자연의 운행에 있어 가끔 일어나는 가변성의 일환일 뿐이기에 "그러한 것을 괴상하게 여길 수는 있지만, 두려워할 것은 아니다"(「천론」)라고 말했다. 이상 자연 현상은 세상을 혼란하게 하는 일시적 원인은 될 수 있지만, 근본적 원인은 아니라는 것이다.

그렇다면 혼란의 근본 원인은 뭘까? 순자는 같은 이상 자연 현상이 일어났는데도 어떤 때는 그로 인한 피해가 작았고, 어떤 때는 그로 인한 피해가 컸던 것에 주목한다. 그러면서 같은 일을 당했음에도 피해 정도가 큰 경우, 단지 자연일 뿐인 하늘을 원망할 게 아니라 그것에 잘못 대응한 사람들을 탓해야 한다고 말한다. 며칠째 폭우가 내려 홍수가 났을 때, 하늘이 비를 많이 내리고자 하는 의지나 사람들을 곤란하게 하려는 목적을 가지고 많은 비를 내린 게 아니라 그냥 자연 현상으로 하늘에서 비가 많이 내렸기에 하늘을 원망한다고 달라지는 것은 아무것도 없다. 그러기보다는 치수 사업 등을 통해 미리 대비하지 않았거나 비가 많이 옴에도 별다른 조치를 하지 않아 피해를 키운 스스로를 돌아봐야 한다는 말이다. 나아가 순자는 "이미 생겨난 일들이 사람의 일 중에 생긴 괴이한 현상이라면 두려워해야 한다"(「천론」)라고 하면서, 사람의 의지와는 무관하게 생기는 자연 현상에 의한 일시적 혼란보다는 사람이 만든 재앙에 의해 비롯되는 반복적 혼란이 더 문젯거리라고 말한다. 곧 세상이 혼란한 근본적 원인은 사람에게 있다고 본 것이다.

3 하늘과 사람의 관계는?

순자에 의하면 하늘은 단지 자연일 뿐, 어떤 인식 능력이나 의지, 감정 따위를 갖지 않는다. 사람에게 어떤 의미를 담은 표현을 하지 못할 뿐만 아니라, 사람의 어떠한 의사 표현도 받아들일 수 없다. 그렇기에 하늘은 사람이 만든 세상의 혼란과 별 관련이 없으며, 이른바 천인상응이라는 말도 성립하기 힘들다. 따라서 하늘과 사람은 소통할 수 없는 사이다. 하늘이 의사 표현을 할 수 없으니 당연한 소리다. 그렇다고 사람은 하늘과의 관계 맺기를 포기해서는 안 된다. 하늘, 곧 자연은 사람이 살아가는 터전이자 사람을 둘러싼 환경이기 때문이다.

순자는 천인지분(天人之分)을 주장한다. 하늘과 사람은 각자 하는 일이 다르다는 것이다. 그렇다면 하늘이 하는 일은 구체적으로 무엇일까? 순자에 의하면, 하늘은 굳이 하지 않고 구하지 않아도 저절로 만물을 생성한다. 그리고 수많은 별은 일정하게 돌고, 해와 달은 서로 번갈아 비추며, 사계절은 차례로 바뀌고, 음양은 만물을 크게 변화시키며, 여기저기서 비가 내리고 바람이 부는 것도 하늘이 하는 일이다. 우리가 아는 자연의 이치 혹은 자연 현상이 바로 하늘이 하는 일이라는 것이다.

이제 사람이 하는 일을 알아볼 차례다. 순자는 "하늘은 만물을 낳을 수 있지만 다스릴 수는 없고, 땅은 사람을 싣고 있으나 사람을 다스릴 수는 없다"(『예론』)라고 했다. 앞서 봤듯이 하늘과 땅은 생각도 의지도 의식도 감정도 없는 자연이고, 사람을 포함한 모든 사물이 자연에서 비롯되었지만, 자연은 그들을 좌지우지할 수 없다는 것이다. 순자는 만물을 다스리고 부리는 것은 오직 사람의 일이라고 말한다. "하늘은 만물을 낳고, 사람은 만물을 이룬다"(『부국』), "하늘에는 사시사철의 변화가 있고, 땅에는 동물, 식물, 광물 등과 같은 자원이 있으며, 사람에게는 그것을 다스리는 능력이 있다"(『천론』)라는 그의 말에서 확인할 수 있다. 게다가 사람이 "하늘을 따르면서 그것을 찬양하는 것과 하늘로부터 비롯되는 것을 제어하고 이용하는 것 중에 어느 쪽이 더 낫겠는가"(『천론』)라고 묻는다. 사람이 할 일은 하늘을 무턱대고 숭상하거나 자연의 섭리를 막연히 경탄하는 것이 아니라, 하늘이 생성한 만물과 그 이치를 잘 알고 이해하며 적절히 제어해 사람에게 도움이 되도록 이용해야 한다는 뜻이다. 그러나 순자가 자연과 만물을 무한정 이용하자고 한 것은 아니다. 순자는 "하늘을 잘 다스리면 길하고, 어지럽히면 흉하다"(『천론』)라고 했다. 그러니까 자연의 이치를 잘 이해하고 적당히 제어하고 이용하면 더할 나위 없이 좋지만, 자연의 이치를 어지럽히면서까지 과하게 이용하면 오히려 해가 된다는 것이다. 홍수, 가뭄, 산사태, 지진, 해일 등과 같은 재해는 자연 현상으로도 얼마든지 일어나지만, 사람의 지나친 욕심에 의해 망가진 자연에서는 그 정도가 심해지고 그 빈도가 잦아질 수 있다고 사람들에게 경고하는 것이나 다름없다.

그런데 잠깐 짚고 넘어갈 부분이 있다. 편의를 위해 하늘이 하는 일과 사람이 하는 일이라는 표현을 썼는데, 엄밀히 따지면 하늘이 하는 일은 없다. 무언가를 한다는 것은 어떤 의지를 행위로 드러내는 것인데, 하늘은 단지 자연으로서 어떠한 의지도 없이 마치 물 흐르듯이 저절로 그러한 존재이기 때문이다. 이쯤 되면 결국 사람이 하는 일만 남고, 사람의 역할을 중요하게 볼 수밖에 없다. 사람에게 중요한 것은 사람의 일이며, 사람이 속한 세상이다. 그래서 사람은 사람 처지에서 생각하고 행동할 수밖에 없다. 물론 세상에는 사람과 만물이 공존하고 사람과 만물은 자연을 공유하기에 사람도 일정 정도 다른 사물의 처지를 고려해야 한다. 그러나 오랜 관찰과 연구 및 실험을 거치더라도 다른 사물의 이치를 완전하게 알 수 없거니와 완벽하게 다른 사물의 처지에서 생각하고 행동할 수도 없다. 우리가 자연과 우주의 이치를 알고자 하고 알아가고 있지만, 그 또한 어디까지나 사람의 시각에서 바라보는 것이고 그 내용도 전체에서 일부분에 불과하지 않은가. 이러하니 순자는 "하늘이 이루어놓은 결과로서의 내용은 알 수 있지만, 정작 이루어놓는 방법에 대해서는 그 형체가 없어 알 수가 없다. 그렇기에 오직 성인만은 하늘에 대해 알려고 하지 않는다"(「천론」)라는 말을 했다. 사람이 알 수 없고 관여할 수도 없는 영역인 하늘의 일에 필요 이상의 관심을 가지기보다는 사람이 할 수 있고 해야 할 영역과 일에 먼저 관심을 가지고 힘을 쏟자는 것이다. 그렇지 않고 정작 사람이 할 일은 내팽개치고 하늘의 원리와 방법만을 알려고 한다면 결국 미혹되어 혼란할 것이라는 게 순자의 생각이다.

지금까지 알아본 순자의 하늘과 사람에 관한 생각은 어쩌면 우리에게 그리 신선하게 다가오지 않을 수 있다. 왜냐하면 현대인의 하늘과 사람에 관한 인식과 별반 다르지 않기 때문이다. 그러나 순자가 지금으로부터 대략 2,300여 년 전의 사람이라는 사실을 떠올린다면, 그가 시대를 앞서 이성적이고 과학적이며 현실적 사고를 했다는 점을 부인할 수는 없을 것이다. 결국 순자에게 있어 하늘과 사람의 관계는 자연과 사람의 관계다. 하늘의 일과 사람의 일은 명확히 구분되기에 사람은 하늘의 일, 곧 자연에 관여하기보다는 조화를 이루어야 한다. 그리고 조화의 목적은 당연히 사람들의 행복과 세상의 안정이고, 행복과 안정의 달성 여부는 세상을 이루는 사람들의 노력에 달려 있다.

혼란의 원인인 사람의 내면

    순자는 "물과 불은 기(氣)로 이루어져 있으나 생명이 없고, 풀과 나무는 생명력은 있으나 지각 능력이 없으며, 날짐승과 들짐승은 지각 능력은 있으나 의로움[의(義)]이 없다. 반면, 사람에게는 기도 있고 생명도 있으며 지각 능력도 있고 의로움도 있다. 그렇기에 사람은 세상에서 최고로 소중한 존재다"(「왕제」)라고 말했다. 그런데 순자는 사람을 세상을 혼란하게 하는 원인으로 지목하지 않았나? 그렇다면 세상에서 가장 소중한 존재가 오히려 세상을 망친다는 말이다. 얼추 맞는 말 같으면서도 그리 유쾌하지만은 않은 묘한 기분이 드는 건 왜일까? 묘

하고 찜찜한 기분은 사람은 기, 생명, 지각 능력, 의로움과 같이 가치 중립적이거나 긍정적 가치를 지닌 것과 또 다른 무언가를 내면에 가질 터이고, 그것이 혼란을 불러올 가능성이 있을 거라는 추론으로 우리를 자연스럽게 이끈다. 이와 관련해 순자는 사람의 내면에는 본성, 감정, 욕구, 마음이라는 네 가지 요소가 있다고 했는데, 이제부터 우리의 추론이 맞는지 순서대로 한번 확인해보자.

1 본성

순자는 "나면서부터 자연스럽게 있는 것을 본성(本性)이라고 한다"(「정명」)라고 말했다. 일반적으로 본성이라고 하면 사람이 날 때부터 가지는 성질을 일컬으니, 순자의 말이 특별히 다른 의미를 지닌 것은 아니다. 본성은 사람이라면 누구나 자연적으로 갖추는 것으로, 배워서 얻은 것도 아니고 누가 알려줘서 있는 것도 아니며 가지려고 노력해서 얻은 것도 아니다.

또, 순자는 "본성이란 본래 꾸밈이 없는 수수한 재질이다"(「예론」)라고 했다. 앞서 본 '나면서부터 자연스럽게 있는 것'이 무엇을 본성이라고 부르느냐에 대한 규정이라면, 여기서 말하는 '꾸밈이 없는 수수한 재질'은 날 때부터 가지는 본성의 성질 규정이다. 순자는 사람 본성의 성질은 어떤 꾸밈도 없는 소박한 상태로 보았다는 말이다. 그런데 순자는 "사람의 본성은 악하다"(「성악」)라고 말하지 않았던가? 본성의 성질이 꾸밈도 없이 수수하다는 말은 본성에는 별 내용이 없다는 의미인데, 왜 순자는 본성의 성질을 악하다고 한 것일까? 순자는 사람의 본성은 악하다는 말에 이어 "선하게 되는 것은 인위적 노력 때문이다"(「성악」)라고 했는데, 이 발언을 잘 이해하면 의문이 다소 풀린다. 노력하면 본성을 선하게 할 수 있다는 말은 본성의 변화 가능성을 이야기한 것이다. 곧 태어날 때부터 있는 본성은 별 내용이 없기에 선하다 악하다고 할 수 없지만, 사람이 세상을 살아가다 보면 본성이 악으로 흐를 수도 있고 선으로 흐를 수도 있다는 것이다. 그런데 순자는 본성을 가만히 놔두면 선이 아닌 악으로 흐를 수밖에 없다고 보았기에 "사람의 본성은 악하다"라고 말했다. 이는 맹자의 성선설과 대조해보면 이해하기 편하다. 맹자가 "사람의 본성은 선하다"라고 했을 때 본성은 사람이 나면서부터 자연스럽게 가지는 것이지만, 순자가 "사람의 본성은 악하다"고 했을 때 본성은 사람이 태어난 후 세상을 살아가면서 형성되는 것이다. 다르게 표현하자면, 맹자가 말한 본성이 태생적 본성이라면, 순자가 말한 본성은 과정적 본성이다.

"선하게 되는 것은 인위적 노력 때문이다"는 말은 본성의 변화 가능성뿐 아니라, 본성을 선하게 바꿔야 한다는 당위성까지 포함한다. 이와 관련해 순자는 "선을 보면 숙연하게 스스로 살펴보아야 하고, 선하지 못함을 보면 근심스레 스스로 반성해야 한다"(『수신』)고 했다. 이는 선을 통해 사람으로서 존재 가치를 확인하고 선하지 않음을 가지고 스스로 반성하는 잣대로 삼자는 얘기다. 사람이 지향해야 할 바는 악이 아닌 선이기에, 가만히 놔두면 자칫 악으로 흐를 본성을 의도적으로 선으로 이끄는 노력을 해야 한다는 것이다. 이처럼 순자는 스스로 선한 삶을 살기 위해 노력하는 동시에 세상 사람 모두가 선하게 살기를 바랐다. 그럼에도 사람들 대부분은 그를 단지 사람의 본성은 악하다는 주장을 한 사람으로 기억한다.

순자 사상에서 언급되는 본성은 태생적 본성이 아니라 과정적 본성이라는 것을 아무리 강조하더라도 여전히 문제는 남는다. '본성'이라는 단어는 사람이 날 때부터 가지는 성질을 의미하는 것으로 굳어져 사용되기에, 『순자』의 "사람의 본성은 악하다"라는 표현을 사람은 날 때부터 악한 본성을 가졌다는 의미로 이해한다는 것이다. 그러나 『순자』에는 '성(性)'이라고

만 했지, '본성(本性)'이라고 하지 않았다. 한문으로 된 옛 서적에서 '성(性)'이라는 글자가 나오면 보통 본성이라고 풀이하기에, 그에 따라 『순자』의 "인지성악(人之性惡)"이라는 문구를 "사람의 본성은 악하다"라고 풀이한 것일 뿐이다. 그래서 어떤 이들은 『순자』에 나오는 '성'의 의미를 분명히 하기 위해, 본성이 아닌 성향(性向)이나 성품(性品) 등의 단어로 달리 풀이하자는 의견을 내놓는다. 반면, 이미 본성이라고 풀이해왔고, 전체 맥락을 보면 그 진짜 의미를 얼마든지 파악할 수 있으며, 갑자기 표현을 바꾸면 오히려 오해를 불러일으킬 수 있다고 반대하는 이들도 있다. 여러분도 생각해보고 판단해보기를 바란다.

2 감정

『순자』에는 본성과 감정을 묶어 성정(性情)이나 정성(情性)으로 표현한 경우가 많은데, 이로부터 본성과 감정의 관계를 유추할 수 있다. 이를테면 "이익을 좋아해 그것을 얻으려고 하는 것이 사람의 정성이다"(「성악」)라는 표현이 있는데, 여기에서 알 수 있듯이 순자는 본성과 감정을 유사한 의미로 쓴다. 본성과 감정은 엄연히 다른 말인데 어떻게 비슷한 의미로 쓰일 수 있을까? "감정은 본성을 이루고 있는 요소다", "본성의 좋아함·미워함·기뻐함·노여워함·슬퍼함·즐거워함을 일러 감정이라고 한다"(「정명」)라는 말에서 알 수 있듯, 순자는 본성을 채우는 내용이 바로 감정이라고 보기 때문이다. 사람이 태어나면서부터 가지는 본성은 감정을 통해 드러난다는 것이다. 곧 본성은 감정 없이는 나타나지 않고, 감정은 본성 없이는 설 자리를 잃는다. 굳이 둘 사이의 선후 관계를 따지면, 감정보다는 본성이 먼저다. 이는 시간적인 선후라기보다는 논리적인 선후다. 태어나면서 자연스럽게 사람 내면에 있는 것이 본성이고, 그 본성을 채우는 내용이 감정이기 때문이다.

순자 사상에서 본성과 감정의 관계를 좀 더 편하게 이해하기 위해 하늘에 떠 있는 구름을 떠올려보자. 구름은 수증기로 이루어진 덩어리이고, 수증기가 모여 덩어리를 구성한 것이 구름이다. 곧 구름은 수증기라는 내용 없이는 만들어지지 않으며, 수증기는 구름의 형태를 띠지 않으면 우리 눈에 보이지 않는다. 그리고 구름 속의 수증기는 비·눈·우박·안개 등의 모습으로 세상에 자신의 존재를 드러낸다. 이제 구름과 수증기에 본성과 감정을 각각 대입해보자. 우리가 구름이라고 부르는 무채색의 수증기 덩어리는 본성이 되고, 그 덩어리를 구성하

는 수증기는 감정이 된다. 그리고 비·눈·우박·안개 등은 좋아
함·미워함·기뻐함·노여워함·슬퍼함·즐거워함과 같은 감정
의 종류가 된다. 곧 구름과 수증기는 그 내용이 물로 같으나 그
형태와 드러나는 방식이 어떠하냐에 따라 각각 부르는 말이
다르듯이, 사람의 본성과 감정도 실질적으로 같지만 타고난 바
탕을 말할 때는 본성이라 하고 그 바탕을 채운 내용을 말할 때
는 감정이라 한다.

3 욕구

순자가 말하는 사람의 내면 요소 가운데 특히 욕구에 주목
해야 한다. 순자가 "사람의 본성은 악하다"라고 말한 결정적
근거가 바로 욕구이기 때문이다.

순자는 "욕구는 기대하지 않아도 얻을 수 있으며 자연으로
부터 받은 것이다", "사람은 태어나면서부터 욕구가 있다"(「예
론」)라고 말했다. 이로 미루어보면 욕구도 본성이나 감정과 마
찬가지로 사람이 나면서부터 자연스럽게 가진 내면 요소임을
알 수 있다. 그리고 "욕구라는 것은 감정의 반응이다"(「정명」)라
고도 했는데, 이를 통해 사람의 욕구는 감정이 외부 사물이나

상황을 대면했을 때 생기는 반응임을 알 수 있다. 곧 날 때부터 자연스럽게 본성을 지닌 사람이 좋아하고 미워하고 기뻐하고 노여워하고 슬퍼하고 즐거워하는 등의 감정을 가지고 어떠한 외부 사물이나 특정 상황과 맞닥뜨렸을 때는 무언가를 어떻게 하고자 하는 의지가 생기게 마련인데, 이것이 바로 욕구인 셈이다. 이를테면 어떤 이에게 좋은 감정이 들어 그와 함께하고 싶거나 혹은 어떤 이를 싫어하는 감정이 들어 그와 멀리하고 싶은 것과 같이, 본성의 내용인 감정이 최종적으로 드러내는 내면 요소가 욕구이다.

지금까지 순자가 욕구에 관해 말한 것을 바탕으로 생각하면, 본성과 감정, 그리고 욕구는 결국 같은 것을 지칭하는 게 아닌가라는 의문이 든다. 그도 그럴 것이 순자가 본성은 자연적으로 이루어진 것이고, 감정은 본성을 채우는 요소며, 욕구는 감정의 반응이라고 했기 때문이다. 마치 금강산을 계절에 따라 금강산, 봉래산, 풍악산, 개골산으로 달리 부르듯이 태어날 때부터 자연스럽게 있는 사람 내면의 요소를 그 속성에 따라 달리 부른다. 곧 자연스럽게 갖게 된 그것 자체[본성]를 말하느냐, 그것의 실질적 내용[감정]을 말하느냐, 그것의 내용이 외부와의 접촉으로 생긴 반응[욕구]을 말하느냐에 따라 다르게 부르는 것이다. 이는 "이익을 좋아하고 이익 되는 것을 얻고자 하는 것이 사람의 감정이자 본성이다", "배고프면 음식을 먹고자 하고, 추우면 따뜻하게 옷을 입거나 난방을 하고자 하며, 피곤하면 쉬고자 하는 것도 사람의 감정이자 본성이다"(「성악」)라는 말에서도 확인할 수 있다.

그러나 욕구는 본성·감정과는 다른 부분이 있다. "욕구가 충족되지 않으면 계속해서 추구하지 않을 수 없다"(「예론」)라는 말에서 사람의 욕구는 끝없이 무언가를 추구하는 속성을 지님을 알 수 있다. 하나를 얻으면 둘을 원하게 되고, 둘을 얻으면 좀 더 나은 것을 계속해서 원하게 된다. 또 "세상의 폐해는 욕구를 제멋대로 내버려두는 것에서 생겨난다. 사람들이 갖고 싶거나 꺼리는 물건은 같은데, 욕구는 끝이 없고 물건은 한정되어 있으니 반드시 서로 가지려고 다투게 된다"(「부국」)라는 말과 "사람은 욕구가 충족되지 않으면 계속해서 추구하지 않을 수가 없는데, 추구함에 있어 일정한 기준과 한계가 없으면 서로 다투지 않을 수가 없다. 서로 다투면 세상이 혼란해지고, 세상이 혼란해지면 모두가 곤궁해진다"(「예론」)라는 말을 보면, 순자가 욕구를 어떻게 바라보는지 짐작할 수 있다. 순자는 세상을 혼란케 하는 장본인은 사람이라 했는데, 사람의 내면 요소 가운데 특히 욕구로 인해 혼란해진다고 여겼다.

물론 욕구가 무조건 나쁜 건 아니다. 의식주와 관련한 기본적 욕구는 당연히 추구해야 하고 충족되어야 한다. 이건 사람이나 동물이나 마찬가지다. 그리고 무언가를 알고자 하고 배우고자 하는 지적 욕구는 인류의 삶을 풍요롭고 윤택하게 만드는 원동력이 되기도 한다. 욕구는 양날의 칼이다. 욕구를 적절히 제어하고 조절하며 추구하고 만족하면 얼마든지 긍정적으로 작용할 수 있지만, 방종하는 욕구는 자신을 병들게 할 뿐만 아니라 다른 사람의 욕구와 충돌할 수밖에 없어 크고 작은 다툼을 일으킨다. 세상이 혼란하다고 여겼고 그 혼란의 근본 원인을 찾고자 한 순자는 욕구의 긍정적 측면보다 부정적 측면에 더 눈길이 갔던 듯하다. 좋은 면을 계속 이어가기를 무작정 기대하기보다는 나쁜 면을 인식하고 고치는 것이 더 적극적으로 현실을 악에서 선으로 변화시키는 방법이라고 믿은 것이다. 이런 맥락에서 순자는 맹자처럼 사람이 날 때부터 가진 선한 본성을 잘 보존하고 길러서 그것을 실천하고 확충하면 선한 세상을 만들 수 있다는 생각은 엄혹한 현실과 동떨어진 순진한 이상과 믿음에 불과하다고 여긴 것이다.

4 마음

순자가 말하는 사람의 내면 요소에는 본성, 감정, 욕구 외에 마음도 있다. 순자는 "사람은 태어나면서부터 지각 능력이 있는데, 이 지각 능력이 바로 마음이다"(「해폐」)라고 했다. 마음 역시 본성, 감정, 욕구와 마찬가지로 사람이 날 때부터 자연스럽게 가지는 내면 요소임을 말함과 동시에 마음은 생각하는 기능이 있음을 말한다.

마음은 어디 있을까? 앞서 마음 또한 사람의 내면 요소라고 했으니, 당연히 우리 안 어딘가에 있을 것이다. 그렇다면 도대체 우리 안 어디를 마음이라고 하는 걸까? '마음이 아프다'라고 하면서 가슴 부위에 통증을 느낀 적이 있는 사람은 심장을 마음이라고 여길 수 있다. 한자 '心(심)'에는 신체 기관인 심장과 신체 부위인 가슴이라는 의미도 있으니 아예 틀린 것은 아니다. 그러나 여기서 말하는 마음은 지각 능력을 말한다는 것을 다시 한번 되새기자. 우리가 보통 '마음을 정리하다', '마음을 헤아리다', '마음이 움직이다' 등으로 마음이라는 단어를 활용하는데, '마음'을 '생각'으로 바꾸어 '생각을 정리하다', '생각을 헤아리다', '생각이 움직이다'로 활용해도 의미 표현이나 전달에 전혀 문제가 없음을 알 수 있다. 곧 마음은 생각하는 기능을 주로 담당하는 우리의 두뇌에 있는 것이다. 물론 '감정을 정리하다', '본성을 헤아리다', '욕구가 움직이다'라는 식으로 바꾸어도 의미 표현이나 전달에 문제가 없을 수도 있다. 이 까닭은 본성과 감정, 욕구, 마음이 모두 우리 내면의 요소이기 때문이다. 나아가 마음뿐만 아니라 본성, 감정, 욕구도 우리 안 다른 곳이 아닌 두뇌에 있기 때문이다. 우리 몸속에 두뇌가 있고, 두뇌 가운데에서도 대뇌가 주로 하는 정신 활동에 해당하는 게 마음과 본성, 감정, 욕구다. 그러니 우리가 본성이 어쩌고, 감정이 어쩌며, 욕구가 어떠니, 마음이 어떻고 하면서 구분해서 말하지만, 결국 모두 두뇌에서 일어나는 정신 활동이다. 그렇다고 구별할 필요가 없냐? 그건 절대 아니다. 아니, 하지 말라고 해도 할 수밖에 없다. 둘 이상의 것을 비교하고 대조하며 공통점과 차이점을 찾아감으로써 만물과 우주의 이치와 원리를 아는 것과 알아가는 것 또한 두뇌에서 일어나는 자연스러운 정신 활동이기 때문이다.

뜬금없는 질문과 이야기를 뒤로 하고 다시 순자에게로 돌아가자. 순자는 마음을 가운데 텅 빈 곳[중허(中虛)]에 있는 것으로 봤다. 이로 미루어보면, 순자는 아직 앞서 얘기한 두뇌에 대한 개념은 있지 않았음을 알 수 있다. 그러나 앞으로 펼쳐지는 순자의 마음에 관한 이야기를 보면 그의 생각이 현대인이 알고 있는 두뇌의 정신 활동에 관한 내용과 크게 다르지 않음을 발견할 것이다.

순자는 마음은 "귀, 눈, 코, 입, 몸의 오관(五官)을 다스리는 천군(天君)"(「천론」)이며 "사람 몸의 임금이며 정신의 주인이다. 그래서 명령을 내리기는 하지만 명령을 받는 바는 없다"(「해폐」)라고 했다. 현실 세계에서 왕이나 임금이 특별한 경우를 제외하고는 명령은 내리되 누군가로부터 명령을 받지 않는 것처럼, 마음은 사람의 감각 기관과 신체, 그리고 정신 활동까지 그 어떤 것에도 얽매이지 않고 스스로 중심이 되어 관장한다. 그래서 마음은 "옳다고 여기면 받아들이고 그르다고 여기면 물리친다."(「해폐」) 옳고 그름을 받아들이고 물리친다는 부분에서 알 수 있듯이, 마음은 대상을 인식할 뿐만 아니라 가치를 판단하고 선택하는 능력도 지닌다.

친절하게도 순자는 마음의 작용을 장(藏)·양(兩)·동(動) 세 가지로 추려서 말했다. 장은 정보를 기억하고 저장함을, 양은 동시에 여러 가지를 아울러 알게 됨을, 동은 마음의 의지 활동을 이른다. 이는 분명 과학의 발달로 인해 알려진 중추 신경계인 뇌의 많은 기능 가운데 일부분에 불과하다. 그러나 무언가를 기억하고, 둘 이상의 것을 비교하고 분석해 여러 가지 정보를 얻으며, 기억과 정보를 바탕으로 이런저런 생각의 나래를 펴는 것이 우리 뇌의 정신 활동임은 분명하다. 과학적 탐구로 인한 세련된 표현은 아닐지 몰라도, 순자가 말한 마음의 작용은 현대인이 알고 있는 뇌의 정신 활동에서 크게 벗어나지 않는다는 점은 놀랍다.

그런데 마음이 제 기능을 못 할 수도 있다. 마치 우리가 '머리가 안 돌아가네', '머릿속이 복잡하다' 등의 느낌을 받을 때가 있다는 거다. 그래서 순자는 장(藏)·양(兩)·동(動)이라는 마음의 작용이 제대로 발휘될 수 있도록 하기 위해서는 허(虛)·일(壹)·정(靜)에 힘써야 함을 말했다. 먼저 허는 비움을 말한다. 너무 많은 정보를 습득하면 마치 USB 메모리 용량이 꽉 찬 것처럼 더 이상 습득이 안 되고 머리가 아프지 않은가. 그럴 땐 USB 메모리에서 불필요한 파일을 삭제하는 것과 같이 우리 머릿속의 불필요한 지식과 정보도 정리해야 하는 것이다. 그리고 일은 일관되게 함을 말한다. 어떤 문제를 풀기 위해 여러 분야의 수많은 지식과 정보를 무작정 습득하다 보면 정리가 안 되고 체계가 안 잡힐 때가 있다. 그럴 땐 곁가지 지식과 정보는 걷어냄으로써 자신의 문제의식을 되찾아 그에 맞는 체계를 잡아야 한다. 마지막으로 정은 고요함을 말한다. 우리의 의지 활동, 혹은 생각은 그 활동 범위가 정해져 있지 않다. 내 몸은 지금 여기에 있지만, 머릿속은 얼마든지 시공간을 초월하여 나다

닐 수 있지 않은가. 물론 그럼으로써 창의적이고 혁신적인 생각이 떠오르기도 한다. 그러나 생각의 가지가 방향을 잃고 사방팔방으로 뻗어나가 몽상이나 망상과 같이 쓸데없는 생각만 많아지면 더 이상 조리 있는 생각을 하기 귀찮아지고 결국엔 어려워진다. 그럴 땐 차분하게 생각을 정리하는 자신만의 시간을 가지며 집중력을 회복해야 한다.

앞서 마음은 사물을 인식하고 기억 및 분별하는 작용뿐만 아니라, 가치를 판단하고 선택하는 능력도 있다고 했다. 마음은 옳고 그름을 재고 헤아리는 객관적인 도덕 표준의 역할도 하는 것이다. 본성과 감정, 욕구는 자칫 악으로 흘러 세상을 혼란에 빠뜨릴 수 있는 것과 달리, 마음은 선을 인식하고 선악을 구별함으로써 선한 행위를 일으킬 수 있는 계기를 우리에게 선사해준다. 그렇기에 순자에게 있어 마음은 사람의 내면 요소들 가운데 특별한 의미를 지닌다. 그러나 순자가 말하는 마음은 어디까지나 인지 능력에 불과하다. 옳고 그름을 판단할 수는 있지만, 그 판단이 항상 정확하다고 할 수 없는 한계가 있다. 특히 도덕적 판단의 경우에는 더욱 불분명하다. 순자가 말하는 마음 자체에는 그 어떤 도덕적 근거도 없기 때문이다. 그나마 기대할 수 있는 건 마음이 외부에 있는 도덕적 근거들을 제대로 인식하고 판단하고 선택하는 것인데, 이론이 아닌 현실에서는 이마저도 사람마다 저마다의 잣대로 다르게 인식하고 판단하고 선택할 수 있다는 문제가 따른다. 그래서 순자는 사람 내면이 아닌 외부에 있는 동시에 바른 마음을 가진 사람이라면 누구나 옳다고 여기며 따르게 되는 예(禮)를 주장하기에 이른다.

혼란의 모습

　여기서는 순자가 당시 세상을 관찰한 후 인식한 혼란의 모습에는 어떠한 것들이 있는지 살펴본다. 편의상, 크게 내면의 혼란과 세상의 혼란으로 나누어볼 것이다. 단지 순자 시대의 혼란상을 아는 데 그치지 않고, 내면의 혼란과 세상의 혼란 사이의 관계와, 당시의 혼란상과 현대의 혼란상이 어떤 점에서 비슷하고 다른지를 스스로 생각해보는 계기가 되었으면 하는 바람이다.

1 사람 내면의 혼란

내가 원하는 건 다 이룰 거야

사람이 태어나면서 자연스럽게 가지는 꾸밈이 없는 수수한 바탕의 본성은 기쁨·노여움·슬픔·두려움·사랑·미움·욕심과 같은 감정을 그 내용으로 삼는다. 그리고 그러한 감정이 외부 사물과 접촉했을 때 나타나는 어떤 반응이 바로 욕구다. 본성과 감정, 욕구는 모두 사람 내면의 요소이지만, 본성은 감정과 욕구라는 것에 의지하지 않고서는 겉으로 드러나지 않는다. 바꿔 말해 우리가 어떤 사람의 성향을 판단할 때, 특정한 상황에서 그 사람의 내면에서 생겨난 감정과 욕구가 말과 행동, 표정, 글 등을 통해 겉으로 표출되는 것을 보고 그 사람의 성향이 어떠한지 판단하고 흔히 '그 사람 본성이 어떠하다'고 말하는 것이다.

욕구는 무언가 바라거나 하고자 하는 의지로, 사람이면 누구나 가진다. 배고프면 먹기를 바라고, 추우면 따뜻하기를 바라며, 피곤하면 쉬기를 바라고, 이익은 좋아하지만 해가 되는 것은 싫어한다. 성인(聖人)과 같이 훌륭한 사람도 흉악한 범죄자도 모두 같다. 남녀노소, 지위가 높고 낮음, 현명하고 어리석고를 막론하고 사람이면 누구나 가지는 것이 욕구다. 그런데 욕구는 단지 먹고, 입고, 쉬고, 좋아하고, 싫어하기를 바라는 것에서 멈추지 않는다. 좀 더 맛있고 등급이 높은 음식을 먹으려 하고, 유명 브랜드의 옷이나 고가의 원단을 사용한 명품을 입으려 하고, 귀찮고 힘든 걷기 대신 좀 더 편하게 빠르고 고급진 수단을 이용해 이동하려고 하고, 집안 창고와 냉장고에 먹을 것이 이미 가득한데도 더욱 풍부하기를 바란다. 그러나 만족할 줄 모르는 게 사람이다.

사람의 욕구는 그야말로 끝이 없다. 세상의 혼란은 욕구를 제멋대로 내버려두는 것에서 생겨난다. 사람들이 갖고 싶거나 싫어하는 물건은 같은데, 욕구는 끝이 없고 물건은 한정되어 있으니 반드시 서로 가지려고 다툴 수밖에 없는 것이다. 만약 홀로 세상을 살아가는 사람이라면 그가 어떠한 방식으로 욕구를 충족하든 아무런 문제가 되지 않을 수 있다. 다른 사람과 욕구 충돌이 일어날 일이 없기 때문이다. 그러나 대부분 사람은 혼자서 살아가지 않고 다른 이들과 함께 살아간다. 그렇기에 태어나면서부터 가진 자신의 욕구를 소중히 여기다 못해 수단과 방법을 가리지 않고 충족하려고 들면, 다른 사람의 욕구와 반드시 충돌하고 크고 작은 다툼이 생긴다. 계속해서 서로 다투면 세상은 혼란해지고, 세상이 혼란해지면 그로 인한 피해는 자신을 포함한 세상 사람 모두에게 부메랑처럼 돌아온다.

사람은 날 때부터 자연스레 욕구가 있고, 욕구는 끝이 없으며, 추구하는 바가 공통된 부분이 있기에 서로 자신의 욕구를 충족하기 위한 갈등과 다툼이 일어나는 건 당연한 현상이 아닌가라는 생각이 들 수 있다. 맞다, 당연하다. 그러나 맥락상 마땅히 그러하다고 그것이 항상 옳은 것은 아니다. 갈등과 다툼은 줄이고 해소해야 할 대상이지 방치하고 조장할 것은 아니다. 나의 욕구가 소중한 만큼 다른 사람의 욕구도 소중하다는 인식이 필요한 지점이다.

내 말이 다 맞아!

순자는 "보통 사람들의 병폐는 한 편의 치우친 견해에 가려서 큰 도리에 어두운 데 있다"(「해폐」)라고 하면서 사람의 내면에는 마음의 올바른 작용, 곧 대상에 대한 올바른 인식을 방해하는 것들이 있다고 말했다. 한쪽에 막혀서 전체를 보지 못하는 것, 곧 자기의 주장을 고집하고 남의 생각을 용납할 줄 모르는 편견이 발생한다는 거다. 편견은 제대로 알지 못하는 대상을 미리 판단하는 선입견으로 이어지기도 한다. 물론 각자 살아온 환경과 그에 따른 직간접적 경험이 다르기에 편견과 선입견의 내용은 얼마든지 다를 수 있다. 치우친 견해거나 미리 정해놓은 결론일지라도 때론 그것이 옳을 수도 있고 맞을 수도 있다. 그러나 중요한 것은 편견이나 선입견의 내용이 아니라, 그에 대한 인식 여부와 존재 여부다. 옳고 그름을 떠나 내가 편견이나 선입견을 가지는지 살펴보고, 만약 그런 점이 있다면 최대한 없애 좀 더 객관적이고 균형적 인식을 하도록 해야 한다.

순자는 사람 내면의 인식 능력인 마음이 제대로 작동하지 못하도록 가리는 것을 '폐(蔽)'라고 규정했는데, 그렇다면 무엇이 올바른 마음의 작용을 방해하는 것일까? 순자는 "욕구에 가려지기도 하고, 미워함에 가려지기도 하며, 처음에 가려지기도 하고, 끝에 가려지기도 하며, 먼 것에 가려지기도 하고, 얕음에 가려지기도 하며, 옛날에 가려지기도 하고, 지금에 가려지기도 한다"(「해폐」)라고 한다. 욕구와 미워함은 감정, 처음과 끝은 사물, 먼 것과 가까운 것은 공간, 넓음과 얕음은 지식, 옛날과 지금은 시간의 영역이다. 순자가 말한 열 가지는 사람의 삶과 떼어내어 생각할 수 없는 다섯 영역에서 극단에 치우침을 가리킨다. 어느 한 극단에 치우침은 반대 방면에 대한 고려를 방해한다. 이는 개인적 측면에서는 사람과 자연·사물에 대한 정확하고 균형 잡힌 이해를 못함으로 인한 왜곡된 인식을 초래하고, 사회적 측면에서는 견해가 다른 사람이나 무리에 대한 이해와 배려의 부족에 따른 소통 부재로 이어진다.

순자는 당시 이름을 날리던 사상가들이야말로 치우친 견해에 빠진 사람들이라고 보았다. "묵자(墨子)는 실용에 가려 문화를 알지 못했고, 송형(宋鈃)은 욕구가 적음에 가려 사람은 무언가를 끊임없이 얻고자 한다는 바를 알지 못했으며, 신도(愼到)는 법에 가려 현명함을 알지 못했고, 신불해(申不害)는 권세에 가려서 지혜를 알지 못했으며, 혜시(惠施)는 말에 가려서 실질을 알지 못했고, 장자(莊子)는 자연에 가려서 사람을 알지 못했고"라고 하면서 이들은 "모두 도(道)의 일부분에 불과하다"(「해폐」)라고 비판했다. 왜냐하면 "도라는 것은 일정함을 본체로 삼아 변화에 대처하는 것이기에, 어느 한 부분으로 도를 다 표현하기에는 부족"(「해폐」)하다고 보았기 때문이다. 순자 사상에서 도는 대체로 예(禮)를 의미하는 것이지만, 여기서는 진리(眞理)라고 이해해도 무방하다. 아무튼 저마다 그럴싸하게 말을 꾸미며 세상의 진리를 주장하지만, 모두 한 극단에 치우치면서 세상의 참된 이치를 온전히 설명하기에 부족하다는 거다. 게다가 "만물은 도의 일부분이고, 한 물건은 만물의 일부분이며, 사람은 한 물건에 불과한데, 스스로 도를 안다고 여기는 것은 결국 도를 알지 못하는 것"(「천론」)이기도 하다는 말이다.

살아가면서 고정관념, 편견, 선입견은 생기게 마련이다. 마치 사람이 태어날 때부터 가진 욕구를 자연스레 추구하는 것처럼 자연스레 생긴다. 현실적으로는 '겪어보니 그렇더라', '해보니 그렇더라', '누구 말은 믿고 따르거나 거른다', '관상은 과학이다', '사람 고쳐 쓰는 것 아니다', '어떤 지역 사람들은 어떻더라' 등등의 형태로 나타난다. 그런데 자연스러우면 괜찮고 좋은 걸까? 자연스러운 것은 다 편한 걸까? 인류가 자연을 그대로 두지 않고 이런저런 인공을 가한 것을 보면 꼭 그런 건 아닌 것 같다. 그러니 내가 가진 생각이 있다면, 의도적으로 반대되는 생각을 한 번씩 떠올려보자. 또 내가 가진 고정관념, 편견, 선입견은 정말 자연스럽게 생긴 걸까? 누군가 혹은 내가 만든 것은 아닐까? 의심하고 의심해야 한다. 조급한 운전자는 오로지 목적지에 빠르게 도착하기 위해 주위 상황을 고려하지 않고 난폭 운전이나 얌체 운전을 일삼을 뿐만 아니라 풍광을 볼 생각을 하지 않는다. 그러면서 자신이 운전을 잘한다고 생각하거나 시간을 효율적으로 활용했다고 여기기 일쑤다. 그러나 안전 운전이야말로 잘하는 운전이고 다른 사람의 안전과 시간도 소중하다. 혹시 내가 나의 생각과 가치만 소중히 여기는 조급한 운전자처럼 사는 건 아닌지 돌아보자.

머리 굴리는 소리가 요란하다

순자 사상에서 욕구는 크게 두 가지로 나누어볼 수 있다.

하나는 '일반적 욕구'고, 다른 하나는 '지능적 욕구'다. '일반적 욕구'는 동물과 크게 다르지 않은 생리적 욕구, 기본적인 의식주와 관련된 욕구를 말한다. 이는 앞서 알아본 사람이 태어나면서부터 자연스레 가지는 본능으로서의 그 욕구다. 반면, '지능적 욕구'는 마음이 인식하고 판단한 지식과 '일반적 욕구'가 결합한 형태이다. 순자는 "욕구는 그렇게 미치지 않는데 사람의 행동이 그 욕구보다 지나친 까닭은 마음이 그렇게 시켜서이다"(『정명』)라고 말했다. 곧 '지능적 욕구'는 '일반적 욕구'가 마음의 인식 능력을 만나 지능적으로 확장된 것으로, 후천적 학습에 의해 발달된다. 마음이 제 기능을 잃거나 뛰어넘어, 스스로 옳다고 여기는 바가 이치에 어긋나면서 욕구를 도덕적으로 조절하기보다는 세속적으로 부풀리거나 변질시킬 수 있다는 것이다.

사람의 내면 요소 가운데 욕구가 사람과 사회를 악으로 흐르게 하는 결정적 역할을 한다는 맥락에서 본다면, '일반적 욕구'와 '지능적 욕구' 모두 부정적 성격을 지닌 것은 분명하다. 그러나 세상에 미치는 영향력의 차이를 고려하면, 둘은 확연히 차이가 난다. '지능적 욕구'는 개인이 처한 환경에서 후천적 학습을 토대로 형성된 욕구를 타자와의 관계 속에 적용하기 때문에 '일반적 욕구'에 비해 세상에 미치는 악영향이 엄청

나다. 예를 들면, 크고 작은 부정부패, 사기 사건들이 모두 '지능적 욕구'에 해당한다. 단지 먹고살기 위해 돈을 벌어야겠다는 생각에 그치거나 열심히 일해서 돈을 버는 것이 아니라, 어떻게 하면 좀더 쉽고 편하게 돈을 벌 수 있을지 생각한 뒤 자신의 지식, 인맥, 배경 등을 이용해 그것을 실행에 옮기는 것이다. 물론 '지능적 욕구'도 그 유형에 따라 세상에 미치는 영향력이 다를 수 있지만, '일반적 욕구'보다 더 넓은 범위에 더 큰 악영향을 미친다는 사실은 변함이 없다.

유학에서는 곧잘 대인(大人)과 소인(小人)을 구분해서 말한다. 대인 요금, 소인 요금이라고 할 때처럼 어른과 아이를 이르는 용어가 절대 아니다. 사람 됨됨이가 됐냐 안 됐냐를 따진 말이다. 사람 됨됨이는 나이와 연륜과는 큰 관련이 없다. 얼마나 자신을 성찰하고 계발하느냐에 달렸다. 아무튼 순자는 언제나 믿음이 없는 말을 하고 바르지 못한 행동을 하면서 자신에게 이익이 되는 일에는 물불을 가리지 않는 사람을 소인으로 봤다. 그리고 그런 소인이 "포부가 크면 오만하고 포악하며, 포부가 작으면 간사하고 비뚤어지게 행동하며, 지식이 있으면 남의 것을 빼앗고 도둑질하며 사기 친다"(『불구』)라고 말했다. 소인과 같이 사람 됨됨이가 안 된 사람이 나름의 학습으로 지식이나 정보를 습득했을 때, '지능적 욕구'의 출현 가능성은 더욱 높아지고 그로 인한 위험과 피해 정도는 더 커짐을 경고한 것이다.

알맹이보다는 껍데기가 중요해

순자는 "돈 많고 높은 자리에 있는 사람에게는 오만하게 굴고, 가난하고 지위 낮은 사람에게는 애써 유순하려는 것은 사람의 정서가 아니다. 이는 간사한 자가 어두운 세상에서 명성을 떨치려고 일부러 그러는 것이다"(「불구」)라고 말했다. 사람이라면 누구나 가지는 보통의 마음이라면 돈 많고 높은 자리에 있는 사람에게는 깍듯이 대하고, 돈 없고 별 볼 일 없는 사람에게는 건성으로 대하는 태도가 보통이다. 그렇기에 일부러 반대로 행동하는 것은 뭔가 불순한 목적이 있을 것이라고 본다. 물론 상대가 부자건 가난하건 높은 지위의 사람이건 아니건 간에 똑같이 대하는 것이 가장 올바른 태도이다. 그러나 그것이 어렵다면 최소한 자신의 속마음을 숨기며 의도적으로 행동을 꾸밈으로써 상대가 자신의 의도대로 여기게끔 하려는 생각은 하지 말아야 한다.

"사람의 관상을 보는 일은 옛사람들에게는 있지 않았고, 배운 사람들은 그것에 대해 말하지 않았다"(「비상」)라는 순자의 말을 보면, 당시를 전후로 관상이 유행했던 것 같다. 그때보다 과학과 문명이 발달한 지금도 사람의 겉모습을 보고 길흉화복을 점치고 주제넘게 그 사람의 됨됨이까지 판단하는 경우가 종종 있으니 그리 놀라운 일은 아니다. 그러나 순자는 관상에 비판적이다. 어리석은 사람이 관상쟁이를 칭찬하며 그들의 기만적 술수를 믿지, 올바른 인식을 지닌 사람은 그러한 것을 믿지 않는다는 것이다. 사람의 생김새는 타고난 것이고, 길흉화복은 삶의 과정에서 만들어지는 것이기에 생김새와 길흉화복 사이에는 인과관계가 형성되기 힘들다. 그런데도 그때나 지금이나 사람들이 관상에 관심을 가지는 까닭은 우리 세상이 속마음보다는 겉모습을 중시하는 경향이 있기 때문이 아닐까?

여기서 중요한 것은 속마음과 겉모습의 속성이다. 순자 사상에서 사람 내면은 인지 능력인 마음을 제외하고는 긍정적 내용이 거의 없다. 그렇기에 사람 속마음을 무한 신뢰하기 힘든 건 당연하다. 이른바 마음을 꿰뚫어 보는 술법인 관심법을 쓰지 않는 이상, 누군가의 속마음을 단박에 알아채거나 속속들이 파악하는 건 불가능에 가깝다. 그래서 대개 표정이나 말, 글, 몸짓, 차림새, 생김새 등과 같이 겉으로 표현되거나 드러난 것을 바탕으로 그 사람의 속마음을 짐작한다. 그런데 짐작한다는 것은 그러할 것이라는 추측에 불과하다. 곧 속마음이 겉으로 그대로 표현되거나 드러난 것인지, 아니면 표현되고 드러나는 과정에 어떤 무언가가 개입한 것인지는 알 수 없다. 바로 여기서 진짜 속마음과 달리 겉으로 드러나는 모습에 치중하는 의도가 생긴다. 다른 사람이 알기 힘든 속마음보다는 상대적으로 알기 쉬운 겉모습을 치장하는 것이다. 그렇다면 순자가 말한 사람 내면의 속성 가운데 무엇이 겉모습을 꾸미는 것일까? 욕구와 마음이다. 자신을 돋보이게 하거나 나의 속마음을 상대에게 들키지 않고자 하는 욕구와 그것을 현실적으로 가능하게끔 만드는 인식·사고 능력의 결합이다.

속마음과 다르게 겉모습을 꾸미려는 의도는 자신이 가지는 감정이나 욕구, 아는 사실이나 진실을 왜곡하는 결과를 낳는다. 이는 개인의 영역에서는 자기기만에 해당하고 타자와의 관계에서는 거짓 행위에 해당한다. 다른 사람과 전혀 상관없이 자기만의 시공간에서 그런다면 좋게 표현해 자기만족이라고 할 수도 있겠지만, 실질적으로 본인이 본인을 속이는 것이라는 점은 변하지 않는다. 그런데 그것이 타인과의 관계에서 드러나 사회로 확장된다면, 자신을 넘어 남을 속이는 차원으로 넘어간다. 곧 속고 속이는 관계를 만드는 것이다. 누가 더 겉모습을 잘 꾸미며 자신이 의도한 대로 다른 사람이 자신의 속마음을 인식하느냐 모르게 하느냐를 다투는 것이다. 모두 겉모습에만 신경 쓰다 보니 속마음은 겉모습을 꾸미기 위한 도구로 전락한다. 결국 세상에는 진실한 알맹이는 없고 화려하게 치장한 껍데기만 남는다.

2 사람이 만든 세상의 혼란

순자는 사람 내면의 혼란과 세상의 혼란 가운데 어느 것을 먼저 인식했을까? 아마도 처음부터 사람 내면의 본질을 탐구하고 그것이 일으킨 현상을 추적하지는 않은 듯하다. 세상의 혼란과 그 혼란으로 인해 고통받는 사람들을 본 후 문제의 심각성을 느꼈을 테고, 세상의 안녕과 사람들의 평온을 위해서는 문제를 해결해야 할 필요성을 느꼈을 것이다. 그래서 혼란한 모습을 관찰하고 분석함으로써 혼란의 근본 원인은 사람의 내면이라는 결론에 다다랐다. 곧 세상의 혼란을 먼저 인식한 후 사람 내면의 혼란을 인식했을 것이다. 그렇다면 사람 내면의 혼란보다는 세상이 혼란한 모양새를 먼저 살펴보는 게 순자와 보조를 맞추는 것일 수도 있다. 그러나 순자의 시선 이동을 따라가는 것도 의미가 있지만, 순자 사상을 좀 더 체계적으로 이해하는 게 낫기에 사람 내면의 혼란을 먼저 살펴봤고, 지금부터 그런 사람이 만든 세상이 혼란한 모양새를 알아본다.

혼란을 부추기는 주장과 정보의 난립

순자는 「비십이자」에서 "지금 세상에는 바르지 못한 주장을 꾸미고 간악한 말을 지어내어 세상을 어지럽히고, 지나친 거짓말과 아주 간사한 말로 세상을 혼탁하게 하여, 옳고 그름과 안정되고 혼란함이 무엇인지 모르게 하는 사람들이 있다"라고 하면서, 여섯 부류를 예로 든다.

첫째, 세상에는 감정과 본성을 좇는다는 명분 아래 자기 마음대로 행동하면서도 방자하게 뽐내며 짐승과 다를 바 없이 살아가는 부류가 있다고 봤다. 요즘 식으로 말하자면 '본능적으로' 사는 삶이 가치 있음을 주장하는 이들이 있다는 것이다. 그러나 순자는 감정과 본능만을 따라 사는 것은 동물과 다름없는 삶이라고 여긴다. 그러기보다는 무엇이 사람다운 것이고 무엇이 조화로운 세상을 위한 것인지 생각하고 행동하자고 제안한다.

감정과 본성, 욕구를 인정하고 따르는 삶도 때로는 가치가 있다. 그러나 항상 가치가 있다고 보기 힘들다. 사랑, 평등, 공감, 배려 등과 같이 사람과 사람이 살아가는 세상에는 그보다 더 소중한 가치들이 있다. 그리고 그것은 사람이 동물과 다른 까닭이 되기도 하고 조화로운 세상을 만드는 바탕이 되기도 한다. 또한, 순자 사상에서 바라보면 악으로 흐를 수 있는 감정, 본성, 욕구를 인정하고 따르면 그 속성이 세상에 그대로 묻어나 악한 상황, 곧 혼란해지는 결과를 가져온다. 순자는 우리가 소중하게 여기는 가치들이 예(禮)에 집약되어 있다고 보았다. 그런데 예는 사람의 내면에 있는 것이 아니기에 무언가를 인식하고 생각할 수 있는 능력인 마음을 활용해 외부에 있는 예를 인지하고 그에 맞게 실천해야 한다. 사람 내면 요소 가운데 본성, 감정, 욕구를 무한정 긍정하고 그것을 따르기보다는 마음의 긍정적 기능을 최대한 발휘해 예로써 세상을 경영하면 혼란에서 멀어질 수 있다.

둘째, 순자는 "감정과 본성을 억지로 참고 세상과 떨어져 홀로 있으면서 구차히 다른 사람들과 다름을 고상히 여겨서 보통 사람과 어울리기 힘들고 큰 분별을 밝히기에도 부족하다"(「비십이자」)라고 한다. 이는 첫 번째와는 반대로 본성과 감정, 욕구 같은 사람의 내면 요소를 의도적으로 외면 및 부정하는 삶이 가치 있다고 주장하는 부류를 비판한 것이다.

비판의 핵심은 '세상과 떨어져 홀로 있으면서 구차히 다른 사람들과 다름을 고상히 여긴다'라는 부분에 있다. 세상이 혼란한데도 개인의 내면과 언행을 단속함에만 집중한 나머지, 다른 사람들과의 관계를 끊고 나아가 세상일에는 관심을 두지 않는 사람들과 그들의 주장에 대한 비판이다. 이는 일찍이 유가가 도가와 불가를 비판하는 부분과 의미가 통한다. 어지럽고 어수선하다고 속세를 떠나 자기만의 선(善)을 확립하고 실천하고선 홀로 만족하거나 도덕적 우월감을 느끼는 것은 세상에 별 도움이 안 된다. 물론 보다 나은 세상을 만들기 위해서는 개인의 내면과 언행의 올바름이 먼저 갖추어져야 하는 것은 맞다. 그러나 세상의 일과 문제는 세상에 적극적으로 참여하여 세상 속에서 처리하고 해결해야 한다. 우여곡절을 겪고 많은 시간과 노력을 들여서라도 사람들과 함께 공유·소통·비판·토론하면서 헤쳐 나가야 한다.

셋째, 순자는 "세상을 하나같이 가지런히 하고 나라를 다스리는 기준을 세울 줄 모르며, 공용(功用)을 높이고 검약(儉約)을 크게 여기면서, 차등을 업신여겨 일찍이 신분의 차이가 있고 임금과 신하의 격차가 있음을 받아들이지 않는다"(「비십이자」)라고 했다. 이는 이른바 모든 사람을 차별 없이 똑같이 사랑하자는 겸애(兼愛)설과 욕구를 줄이자는 과욕(寡欲)설을 주장한 부류에 대한 비판이다. 유가에서도 모든 사람을 사랑할 것을 말한다. 그러나 최종적으로 모든 사람이 사랑의 대상이 되어야 함을 말한 것이지, 처음부터 모두를 똑같이 사랑하자는 게 아니다. 굳이 따지자면 유가의 사랑은 차등과 순서가 있는 사랑이다. 예를 들어 나의 부모를 사랑하고 공경하는 게 먼저고, 다른 사람의 부모를 사랑하고 공경하는 건 나중의 일이다. 만약 나의 부모를 사랑하지도 않고 공경하지도 않으면서 다른 사람의 부모를 사랑하고 공경하는 것은 위선인 셈이다. 또한, 사람의 욕구는 날 때부터 자연스레 있는 것이기에 없앨 수도 없고 줄인다고 줄여지는 것도 아니다. 오히려 생명이나 자유와 직결된 기본적 욕구는 충족해야 할 대상이다. 그리고 혼란을 불러올 수 있는 욕구 부분은 적절히 조절하고 제어해야 한다.

넷째, 법(法)이 세상에서 가장 효율적이고 합리적 제도라고 주장하는 부류다. 이에 대해 순자는 "법을 숭상한다지만 법에 원칙이 없고, 자기 수양을 우습게 보면서도 법을 만들기 좋아하고, 위로는 임금의 말만 듣고 아래로는 세속을 따르기만 하여, 종일 법전을 말하지만 반복하여 이리저리 살펴보면 내용이 아득하고 결론이 없어, 그것으로 나라를 다스리고 법도를 정할 수가 없다"(「비십이자」)라고 하면서 비판했다. 순자의 비판은 법치가 일반화된 오늘날에도 그대로 적용할 수 있다. 법에 따라 사건을 처리한다지만 사안마다 원칙이 달라지고, 인문·윤리적 가치를 내세워 사람을 올바른 방향으로 인도하기보다는 말뿐인 사회정의를 내세우며 법안을 만들어 사람을 옭아매고, 위로는 권력자의 말만 듣고 아래로는 돈과 권력 같은 세속의 이익만 좇으면서도 스스로 지식인이자 공정과 상식의 상징인양 행세하고, 종일 법 조목을 말하며 그럴싸한 말을 읊고 글을 내놓지만 일일이 따져보면 맥락이나 논리를 찾을 수 없는 부류들을 예부터 많이 봐왔기 때문이다. 법은 분명 세상을 운영하고 질서를 확립하는 데 유용한 수단이다. 그러나 어디까지나 마지막 수단이어야 한다.

다섯째, 그럴싸하게 말을 꾸며 사람들을 혹하게 하는 부류다. 순자는 그들을 "괴상한 주장을 하기 좋아하고 기이한 말로 장난치며, 매우 잘 살핀 것 같고 말을 잘하지만 별 쓸모가 없으며, 많은 일을 하지만 성과가 적어서 세상을 올바로 다스리는 기준으로 삼을 수가 없다"(「비십이자」)라고 비판했다. 이는 당시 명가(名家)에 대한 비판인데, 그들의 주장이나 표현은 겉으로 보면 뭔가 있어 보이는 듯하지만, 자세히 살펴보면 별 내용이 없는 말장난에 불과하다는 것이다. 물론 『순자』에 명칭을 바로잡는다는 의미의 「정명(正名)」이라는 편명이 있는 것을 보면, 말과 명칭 사용에 대한 엄밀함과 인식의 상대성을 내세운 명가의 학설은 순자에게도 영향을 미쳤던 것으로 보인다. 그러나 유가 사상가인 순자가 보기에 그들의 학설이나 주장은 인의와 예의와 같은 근본이 되는 요소가 없거나, 그러한 근본을 무시하였기에 결국 궤변이며 극복해야 할 대상이었다. 요새는 말 잘하는 사람이 인정받는 세상이지만, 예전에는 그렇지 않았다. 오히려 말솜씨가 서툰 사람이 인정받았다. 그렇다고 괜한 오해는 말자. 말보다는 행동을, 지식보다는 실천을 더 중시했다는 의미니까. 물론 말과 행동이 일치하고 지식과 실천이 연결되는 것이 단연 최고다.

여섯째, 유명인의 권위에 기대어 자기 생각을 부풀리거나 주장을 정당화하는 부류다. 순자는 "대략 선왕(先王)을 본받긴 했으나 그 큰 줄기를 알지 못했고, 태연한 것 같지만 오히려 재주를 뽐내며 뜻을 부풀리고, 듣고 본 것이 잡스럽고 넓다. 옛것을 참고해 자기 학설을 만들어 오행(五行)이라고 하니, 매우 편벽되고 어긋나 통하는 이치가 없으며, 뜻이 명확하지 않아 설명할 수 없고, 논리가 닫히고 맺혀있어 이해할 수가 없다"(『비십이자』)라고 비판했다. 이는 같은 유가 사상가이자 선배 격인 자사와 맹자에 대한 비판인데, 순자는 자사와 맹자는 공자를 비롯한 성인(聖人)의 사상과 뜻을 제대로 파악하지 못했음에도 그들의 권위를 빌려 자신들의 주장을 더욱 꾸미고 합리화한다고 여긴 것이다.

혼란을 부추기는 주장과 정보로 지적된 것들은 사실 당시 유행하던 학설이었다. 유행한 데에는 그만한 이유가 있을 테다. 순자는 그들의 주장이 나름 논리와 근거를 갖추었기에 해당 분야에 관심이 없거나 잘 모르는 사람들은 충분히 속거나 미혹될 만하다고 여겼다. 순자의 비판은 정말 그들의 주장이 세상을 혼란하게 하는 모습이라고 보았기 때문일 수도 있지만, 다른 제자백가 사상보다 유가 사상이 더 완전하고 유가 가운데에서도 자신이 정통임을 내세우려는 의도에서 비롯된 것일 수도 있다. 철학의 기틀이 마련된 후부터 지금까지 동서를 막론하고 수많은 학파와 학설이 있었다. 그리고 저마다 자기 내지는 자신들이 진리에 더 가깝다고 주장했다. 이는 진리를 탐구하는 것이 철학의 본분이기에 당연한 결과다. 그런데 순자가 살았던 전국시대 말기는 여러 나라가 매일같이 전쟁하던 시기다. 각 나라들은 전쟁 종식을 위한 천하통일이라는 명분을 내세우며 전쟁에서 승리하여 영토와 물자를 확보하는 실리를 챙기려 했다. 그런 수요에 부응하려고 한 것이 당시 유행하던 학설들이다. 여러분은 각 학설에 대해 다른 판단을 할 수 있겠지만, 순자는 그것들이 오히려 혼란에 혼란을 더하는 거로 본 것이다.

다른 사람을 속이려고 거짓 정보를 사실인 양 제공하거나 불순한 목적을 달성하기 위해 사실을 왜곡하고 과장하는 행태는 사람들을 곤궁에 빠뜨리고 사회적 혼란을 불러오기에 충분하다. 그러나 우리 사회는 언론의 자유가 보장된다. 자기 생각과 주장을 펼치는 것은 자유이자 권리다. 그렇기에 그 목적과 의도가 국가 전복을 기도하거나 누군가의 생명과 자유를 위협하는 정도의 심각한 문제가 없다면 제재할 근거가 없다. 그렇다고 무작정 올바른 정보를 제공하고 건전한 주장을 하기만 바랄 수는 없는 노릇이다. 결국 정보나 사실 및 생각 따위를 공급하는 쪽이 아닌 공급받는 쪽의 역할이 커질 수밖에 없다. 균형적 시각으로 무엇이 올바른 정보인지 이것이 사실인지 아닌지 저 생각과 주장이 논리적이고 합리적인지 판단해야 한다. 수고스럽더라도 관심을 두고 해야 한다. 그렇지 않으면 정보의 홍수 정도에 허덕이는 것이 아니라 정보 지뢰밭 혹은 정보 지옥에 나가떨어질 수 있다.

작은 사람들의 전성시대

우리 사회는 언젠가부터 키에 부쩍 관심이 많다. 매년 올해의 남녀 평균 키는 몇 센티인지와 관련한 기사가 나온다. 삶의 질 향상과 식생활 변화로 인해 40여 년 전보다 평균 신장이 대략 5~6센티 정도 커졌다고 한다. 사실 특정 분야에 종사하는 사람이 아닌 이상 키가 크냐 작냐가 사는 데 그렇게 큰 영향을 미치지는 않는다. 그래서인지 같은 값이면 다홍치마라고 작은 것보다는 큰 것이 좋다고 보기도 하고, 그게 어느 정도인지는 모르겠지만 적당한 키가 좋다고 하기도 하며, 작은 고추가 맵

다며 키가 작은 사람이 좋다는 말도 있다.

그럼 마음(지금 말하는 마음은 순자가 말한 인지 능력의 마음이 아님)의 크기, 곧 사람 됨됨이의 크기는 큰 것이 좋을까 작은 것이 좋을까? 키와 달리 사람 됨됨이의 크기는 무조건 큰 것이 좋다. 유가에서는 대인(大人)과 소인(小人)을 곧잘 나누는데, 이는 보통 사람 됨됨이가 큰 사람을 대인, 작은 사람을 소인이라고 불렀다.

『순자』에 의하면 사람의 됨됨이에 따라 성인(聖人), 현인(賢人), 군자(君子), 선비[사(士)], 보통 사람[용인(庸人)]으로 나뉜다. 성인은 "지혜가 큰 도(道)에 통해 변화무쌍한 변화에 대응하면서도 막힘이 없고 모든 사물의 실정과 성질을 잘 분별하는"(「애공」) 사람이다. 예를 들자면 공자처럼 하고 싶은 대로 행동해도 세상의 그 어떤 법도에도 어긋남이 없는 사람이다. 그리고 현인은 성인에는 미치지 못하지만, 성인에 버금가는 사람이다. 보통 맹자를 현인이라고 일컫는다. 군자는 성인이 되기 위한 학문과 수신을 꾸준히 함으로써 도덕적 인격을 어느 정도 갖춘 사람이다. 또한, 선비는 최종적으로 성인이 되기를 목표로 삼는 동시에 현실적으로 군자가 되는 것에 뜻을 두고 열심히 공부하는 사람이다. 마지막으로 보통 사람은 성인이나 군자가 되는 것에 뜻을 두지 않았기에 학문과 수신에 힘쓰지 않고 자신의 감정과 욕구를 따라 살아가기에 옳고 그름과 사리를 제대로 판단하지 못하는 사람이다. 이 다섯을 굳이 대인과 소인으로 나누면, 성인과 현인, 군자는 무조건 대인이라고 할 수 있다. 그리고 선비는 대인일 수도 있고 소인일 수도 있으며, 보통 사람은 그냥 소인이다.

순자는 세상에는 소인이 너무 많고, 그 소인들이 득세하고 아무 거리낌 없이 살아가기에 세상이 혼란하다고 보았다. "사람은 태어나면서부터 본래 소인"(「영욕」)이어서, 세상에 소인이 많은 것은 어쩌면 당연하다. 그런데도 대인이라고 할 수 있는 군자 이상의 사람이 있는 까닭은 무엇일까? "타고난 재질의 본성과 앎의 능력은 군자와 소인이 똑같고, 영광을 좋아하고 욕됨을 싫어하며 이익을 좋아하고 해로움을 싫어하는 것도 군자와 소인이 같다."(「영욕」) 곧 애초에 타고난 내면은 같지만, 자기반성과 자기 계발을 통해 군자로 거듭난 이들이 있는 것이다. 그렇다면 왜 군자가 되어야 할까? 그냥 생긴 그대로 소인으로 살면 안 되나? 물론 소인으로 살아도 된다. 소인이라고 당장 큰 벌을 받는 것도 아니고 어떤 직접 피해를 입는 것도 아니다. 게다가 현대 사회는 사람 됨됨이보다 능력이 더 인정받으니 말이다. 그러나 "군자는 능력이 있으면 좋고, 능력이 없어도 좋다. 군자는 능력이 있으면 관용과 곧음으로써 사람들을 일깨우고 인도하며, 능력이 없으면 공경하게 움츠리고서 사람들을 조심스레 섬기기 때문이다. 반면 소인은 능력이 있어도 나쁘고, 능력이 없어도 나쁘다. 소인은 능력이 있으면 멋대로 오만하고 잘못된 일을 하면서 남에게 교만하게 굴며, 능력이 없으면 질투하고 원망하고 비방하며 다른 사람들을 쓰러뜨리기 때문이다."(「불구」) 그렇기에 군자와 군자가 만나면 당연히 다툴 일이 없다. 군자와 소인이 만나도 군자가 소인을 이해하고 포용하기에 다툴 일이 없다. 그런데 소인과 소인이 만나면 서로를 이해하지 않고 시기하며 비방하기에 다툼이 일어날 수밖에 없다.

순자는 사람 사이에서 일어나는 크고 작은 다툼을 주목했다. 그리고 "다투면 세상이 혼란해지고, 세상이 혼란해지면 구성원 모두가 곤란해진다"(「예론」)고 보았다. 예나 지금이나 현실 세계에서는 군자보다는 소인이 대부분이다. 매일같이 어디선가 다툼이 일어나기 때문이다. 순자는 "남과 다투는 사람은 반드시 자기가 옳고 남은 그르다고 생각한다. 자기는 진실로 옳고 남은 진실로 그르다면, 곧 자기는 군자이고 남은 소인인 것이다"(「영욕」)라고 말한다. 어떠한 다툼에라도 옳고 그름에 대한 판단이 개입된다. 그러나 소인은 옳고 그름을 판단할 능력이 부족할 뿐만 아니라 끝없이 서로 자신이 옳다고 여기며 다투는 자들이다. 스스로 군자라고 여기는 것도 잘못이요,

상대를 소인이라고 여기는 것도 잘못이다. 게다가 진정 군자라면 더더욱 소인과 더불어 서로 해를 끼치는 방법으로 시비를 가리지 않는다. 따라서 서로에 대한 신뢰와 배려를 동반한 건전한 토론과 설득의 과정과는 상관없이 다툼에서 이기려고만 드는 자들은 소인이다. 스스로 "지혜롭다고 여길지 모르지만 이보다 큰 어리석음은 없고, 이롭다고 여길지 모르지만 이보다 큰 손해는 없으며, 영광스럽다고 여길지 모르지만 이보다 큰 치욕은 없고, 편안해지는 일이라고 여길지 모르지만 이보다 큰 위태로움은 없는"(「영욕」) 처지가 된다. 순자는 "나는 그들을 새나 쥐 같은 짐승에 속하는 자들로 치부해버리고 싶다"(「영욕」)라고까지 말한다. 세상의 혼란을 누구보다 걱정한 순자로서는 자연스러운 발상이다. 그러나 그럴 순 없었다. 어쨌거나 그들도 사람의 형태를 띠고 사람의 속성을 지닌 존재이기 때문이다.

소인을 욕하고 나무란다고 다툼을 줄이고 혼란을 막지는 못한다. 다툼을 줄이고 혼란을 미연에 방지하는 방법은 모두가 군자 이상이 되는 것이다. 세상의 혼란을 틈타 자기 잇속을 차리려는 뼛속까지 소인인 부류가 있을 수 있지만, 진정으로 혼란을 즐기는 사람은 드물다. 그래서 순자는 소인들을 북돋워주는 전략을 택한다. 태어난 그대로의 내면을 가지고 있어 소인이지만, 노력과 실천을 통해 내면을 올바른 방향으로 변화시킨다면 누구나 성인이나 군자가 될 수 있다는 것이다. "흙이 쌓여 산이 되고, 물이 모여 바다가 되며, 아침저녁이 쌓여 한 해가 되듯이" "길거리의 사람들도 선(善)을 쌓아 완전함을 다하면 그를 성인이라 일컫는다"(「유효」)라고 말한다. 그러나 여전히 문제는 남는다. 누구나 성인군자가 "될 수는 있지만, 그렇게 되도록 시킬 수는 없기"(「성악」) 때문이다. 공자도 태어나면서부터 성인의 자질을 갖추었던 사람이 아니라, 스스로 잘못된 것을 변화시키는 수양과 실천을 통해 완전하게 된 다음에야 모든 것이 갖추어졌다. 어디까지나 스스로 선택하고 노력해야 하는 것이다. 그렇기에 순자는 혼란한 세상을 만들지 않기 위해서는 모두 성인이나 군자가 되기 위한 부단한 공부와 노력을 하자는 제안을 할 뿐이다.

꾸며진 이미지 유행

현대는 이미지의 세상이다. 외래어인 이미지는 감각을 통해 어떤 사람이나 사물로부터 받는 느낌으로, 우리말로는 인상(印象)이라고 할 수 있다. 그런데 그것이 이미지가 되었든 느낌이 되었든 인상이 되었든 일상생활에서 그 말을 사용함에 있어 사람의 내면과는 관련 없이 겉으로 느껴지는 무언가를 뜻하는 경우가 대부분이다. 예를 들어 어떤 사람의 따뜻한 목소리를 듣고 착한 사람이라는 인상을 받든가, 조목조목 유창하게 말하는 사람의 말을 듣고는 똑똑한 사람이라는 인상을 받든가, 항상 웃는 표정으로 사람을 대하는 사람을 보고는 행복한 사람이라는 인상을 받는 것 등이다. 물론 이미지가 그 사람의 내면과 일치할 수도 있다. 정말 그렇다면 별 문제가 되지 않는다. 그러나 그것이 그렇게 느껴지도록 꾸며진 이미지라면 얘기가 달라진다.

순자가 살았던 시대도 지금과 크게 다르지 않았던 것 같다. "사람들이 싫어하는 것은 나 또한 싫어하는 법인데, 저 귀하고 부유한 사람에게 거만하게 굴고, 저 가난하고 미천한 사람에게는 애써 부드럽게 대한다면 이는 보통 사람의 감정이 아니다"(「불구」)라고 하면서 꾸며진 이미지가 있음을 말한다. 실제와 다르게 이미지를 꾸미는 것은 "간사한 사람이 혼란한 세상에서 명성을 훔치는 것으로 음험함이 이보다 큰 것이 없다"(「불구」)라고 하면서 그 위험성을 경고한다. "명성을 훔치는 것은 물건을 훔치는 것보다 더 나쁘다."(「불구」) 그러나 세상은 여전히 알 수 없는 사람의 내면보다는 알기 쉬운 겉모습에 주목한다. 그러다 보니 사람들은 자연스러움을 넘어 의도적으로 겉모습에 집중한다. 이렇게 꾸며진 이미지가 가득한 세상에서는 무엇이 진실이고 거짓인지, 뭐가 옳고 그른지, 어떤 게 진짜고 가짜인지 분간하기 힘들다. 심지어 거짓이 진실을, 그름이 옳음을, 가짜가 진짜를 대신할 때도 있다. 거짓과 그름, 가짜가 판치는 세상은 혼란하지 않을 수 없다.

그런데 순자는 내면보다는 겉모습에 치중하는 현상을 오히려 역이용한다. 가만히 두면 악으로 흐를 여지가 많은 사람의 내면은 알기도 힘들거니와 변화시키기도 힘든 반면, 겉으로 드러나는 모습은 오감으로 즉각적으로 느낄 수 있기에 인지하기도 쉽고 상대적으로 편하게 변화시킬 수 있다고 본 것이다. 그래서 겉으로 드러나는 행동이나 표현을 성인이 만든 예와 같은 올바른 기준을 가지고 단속함을 반복적으로 한다면, 내면도 자연스레 악이 아닌 선으로 흐를 것으로 판단했다. 결국 순자도 여느 유가와 같이 선함을 목표로 했고, 겉과 속이 같지 않은 상태를 벗어날 것을 주장한 셈이다.

사람이 만든 재앙

순자는 하늘, 곧 자연에 의한 혼란보다는 사람들의 잘못된 생각에서 비롯된 행동과 처신으로 스스로 일으킨 재앙을 더욱 두려워해야 한다고 말했다. 순자가 말한 사람이 만든 재앙은 크게 세 부류로 나누어볼 수 있다. 첫째는 무례(無禮)이고 둘째는 문란한 정치, 셋째는 무분별한 개발로 인한 자연훼손이다.

예(禮)를 누구보다 강조하는 순자답게 "예의를 닦지 않고, 내외분의 분별이 없으며, 남녀가 음란하고, 아버지와 아들이 서로 의심하며, 윗사람과 아랫사람의 관계가 서로 멀어지는"(「천론」) 것처럼 사람이라면 누구나 높이고 따라야 할 예를 무시하며 행하지 않는 행태를 사람이 만든 재앙으로 본다. 예가 제대로 행해지지 않는 까닭은 사람의 내면에는 예의 실마리가 없기도 하고 마음이 예를 제대로 인식하지 않아서일 수도 있지만, 무례한 세상의 혼란에서 생기기도 한다. 순자는 "사람은 태어나면서부터 소인인데, 또 혼란한 세상을 만나 어지러운 버릇을 갖게 되어, 소인이 더욱 소인이 되며, 혼란에 혼란을 더하게 된다"(「영욕」)라고 말하면서, 무례로 인한 혼란한 세상의 방치는 악순환을 불러온다고 경고한다.

"정치는 험난해 민심을 잃고" "사들이는 곡식은 비싸서 백성들이 굶주리며, 길에는 죽은 사람들이 널려 있고" "철을 가리지 않고 사람들을 동원하며" "정치의 의도가 명확하지 않고, 나라에서 하는 일은 때를 가리지 않으며" "근본적인 일은 잘 다스려지지 않는"(「천론」) 것과 같은 문란한 정치도 사람이 만든 재앙이다. 순자가 살았던 시대는 농경사회로 대부분 농사가 생업이었다. 그렇기에 농사와 관련된 말이 많다. 순자가 언급한 것을 요즘 식으로 표현하면, 과중한 세금 및 부당한 세금 인상, 물가 관리 실패, 허술한 복지, 정경유착, 정책의 불투명 및 혼선 정도이다. 그러나 핵심은 사람들이 근본적인 일, 곧 생업에 몰두할 수 있는 바탕을 마련하지 못하는 정치를 펼친다는 거다. 이와 같은 문란한 정치는 구성원들의 마음을 얻지 못할 뿐 아니라, 구성원들을 심지어 적으로 만들 수 있다. 사람이 만든 세상에는 세상을 이끄는 무리, 곧 위정자들이 있기 마련이다. 그들의 일거수일투족은 보통 사람들의 행동거지와는 다르다. 아니 달라야 한다. 그들은 언제 어디서나 많은 사람에게 큰 영향력을 미치는데, 그들이 훌륭해서라기보다는 그들이 하는 일의 잘잘못에 의해 세상의 안위가 크게 좌지우지되기 때문이다. 따라서 문란한 정치는 예나 지금이나 세상을 혼란에 빠드릴 수 있는 사람이 만든 재앙이다.

무분별한 개발로 인한 자연훼손도 사람이 만든 재앙이다. 순자는 사람들이 하늘을 자연물로 보고, 제어하고 이용할 것을 주장했다. 그러나 무엇이든 정도가 지나칠 경우엔 아니 하는 것보다 못한 결과가 나타난다. "함부로 경작해 농작물을 손상케 하고" "밭은 황폐해 농작물이 형편없으며" "소가 망아지를 낳고 말이 송아지를 낳는 등 가축들에 요사스런 변괴가 생기는"(「천론」) 것도 사람이 만든 재앙이다. 농작물이 손상되고 형편없어지는 것은 무분별하게 농사를 지어서 그런 것이다. 사람도 잠을 자고 휴식을 취하듯이 땅도 쉬는 시간이 필요하다. 그런데도 같은 땅에 계속해서 농사를 짓는 것은 자연의 처지를 전혀 고려하지 않은 행태이다. 또한 가축들이 질병에 걸려 폐사하거나 이색종이 발생하는 것도 관리를 잘하지 못한 사람들의 잘못이다. 자연을 정복의 대상으로 생각하는 사람의 욕심은 심지어 다른 종의 동식물을 의도적으로 교배시켜 종간잡종(種間雜種)을 만들어내는 지경에 이르렀다. 순자는 자연을 제어하고 이용하자고 했지, 교란하고 정복하자고 하지는 않았다.

"풀과 나무가 한창 자라 꽃이 피고 열매를 맺으려 할 때는 도끼를 들고 숲에 들어가지 못하게 하여 생명을 일찍 빼앗거나 성장을 중단시키지 않는다. 물속에 사는 생물이 알을 낳을 때는 그물이나 독약을 물속에 넣지 못하게 하여 생명을 일찍 빼앗거나 성장을 중단시키지 않는다. …… 때에 따라 못과 늪, 강물, 호수에 고기잡이를 금하면 물고기들이 더욱 많아져 사람들이 먹고도 남음이 있다. 나무를 베는 시기와 기르는 때를 놓치지 않으면 숲이 황폐해지지 않아서 사람들이 목재를 쓰고도 남음이 있다."(「왕제」) 이것은 자연의 법칙을 잘 알고 그 흐름에 맞게 제어하고 이용하자는 말이다. 그렇지 않고 자연을 시도 때도 없이 무분별하게 개발하고 이용하면 사람들의 삶은 궁핍

해진다. 자연의 질서와 법칙을 거스르면서 얻는 풍족함과 행복은 잠시지만, 그로 인해 얻는 결핍과 불행은 오랫동안 계속된다.

순자의 주장처럼 사람들은 자연을 제어하고 이용해왔다. 그런데 끝없는 욕구에 새로운 지식과 첨단 기술이 더해지면서 그 정도가 일정 선을 넘어버렸다. 그 옛날 순자가 제어하고 이용하자고 했던 자연은, 이제 보호해야 할 대상이 되었다. 자연에게도 쉴 시간과 치유할 시간이 필요하다. 사람이 만든 재앙은 자연을 망치는 것에 그치지 않고 다시 사람에게 돌아온다. 사람들이 살아왔고, 살고 있으며, 살아갈 터전은 특정 집이나 지역, 나라가 아니라 우리를 둘러싸고 받치는 자연이라는 사실을 잊지 말아야 한다.

여기서 언급한 것 외에도 사람이 만든 재앙은 얼마든지 있을 수 있다. 그리고 세상이 혼란한 근본 원인은 사람에게 있기에, 사람이 만든 재앙은 무엇보다 세상을 혼란하게 만드는 요인들이다. 그나마 다행인 점은 사람이 만든 재앙은 사람이 만든 것이기에 얼마든지 우리의 관심과 노력으로 스스로 없애거나 올바른 방향으로 변화시킬 수 있다는 것이다.

현명한 지도자의 부재

사람이 만든 세상에는 세상을 이끄는 사람이나 집단이 있다. 그렇다면 그런 지도자와 지도층은 어떻게 있게 된 것일까? 이와 관련해 순자는 "신분이 고르면 세상이 다스려지지 않고, 세력이 고르면 세상이 하나가 되지 않으며, 모든 사람이 고르면 부릴 수가 없을 것이다. 하늘이 있고 땅이 있어 위아래의 차이가 있듯이, 명철한 왕이 있어야만 비로소 나라를 다스리는 제도가 있게 되는 것이다. 양쪽 모두 귀하면 서로 섬길 수 없고, 양쪽 모두 천하면 서로 부릴 수 없다. 이것은 하늘의 법칙이다. 세력과 지위가 같으면서 바라고 싫어하는 것도 같아, 물건이 충분할 수가 없으면 반드시 다투게 된다. 다투면 반드시 혼란해지고, 혼란해지면 반드시 곤궁해진다. 옛 성왕(聖王)들은 그런 혼란을 싫어했기 때문에 예의를 만들어 사람들을 구별해주어, 가난하고 부유하며 귀하고 천한 구분이 있게 해 서로 아울러 다스리기 편하게 하였다. 이것이 세상 사람들을 기르는 근본이다"(「왕제」)라고 말했다. 이른바 지도자와 민중은 하늘의 법칙과 성왕(聖王)에 의해 생겼음을 알 수 있다. 사람의 머리 위에는 하늘이 있고 발아래에는 땅이 있다. 이것은 자연의 법칙이다. 세상의 혼란을 걱정하고 싫어한 옛 성왕들이 그러한 자연의 법칙을 본받아 예(禮)를 제정하여 세상에 적용함으로써 비로소 지도자와 민중의 구분이 생겼다는 것이다. 지도자와 민중은 자연인 하늘과 땅이 각자 영역과 역할이 있듯이 각자의 분야와 할 일이 있다. 서로 자신의 본분을 지키면 다툴 일이 없고 혼란해질 일도 없으며 곤궁해질 일도 없다. 결국 자연의 법칙과 세상의 근본은 서로 통한다.

혹시 느꼈는지 모르겠지만, 순자가 살았던 시대는 지금과 달리 철저한 신분 사회였다는 점을 감안하더라도 순자의 말은 상당히 권위주의적이다. 그러나 많은 부분에서 달라졌다고 하더라도 여전히 지도자나 지도층은 존재한다. 또 그들의 존재가 필요하기도 하다. 그렇다면 그들은 최소한 어떠한 존재여야 할까? 순자는 "나라를 다스리는 방법은 무엇인가? 자기 몸을 닦는 일에 대해서는 들어봤어도 일찍이 나라를 다스리는 방법은 들은 일이 없다. 군왕이란 본보기다. 본보기가 바르면 그 그림자도 바르다. 군왕이란 쟁반이다. 쟁반이 둥글면 거기에 담긴 물도 둥글다. 군왕이란 그릇이다. 그릇이 네모나면 거기에 담긴 물도 네모난다"(「군도」)라고 말했다. 세상을 다스리기 전에 우선 수신(修身), 곧 자기 몸을 닦는 것이 먼저임을 지적한다. 스스로에게 허물이 있는지 없는지 끊임없이 반성하고 성찰해서 순수에 가까워져야 한다는 말이다. 왜냐하면 지도자는 민중의 본보기이기 때문이다. 어떠한 물건을 만들 때 본보기가 어떠나에 따라 그 본을 딴 물건들은 비슷해지기 마련이다. 사람의 경우도 다르지 않다. 이와 같은 의미로 순자는 "군주은 민중의 근원이다. 근원이 맑으면 물줄기도 맑고, 근원이 흐리면 물줄기도 흐리다"(「군도」)라고도 말했다. 지도자가 어떠하며, 어떻게 하느냐에 따라 민중에게 미치는 영향이 큼을 알 수 있는 대목이다. 그리고는 "나라를 다스리고 있는 사람이 민중을 사랑하지 못하고 민중을 이롭게 하지 못하면서도, 민중이 자기를 친하게 여기고 사랑하기를 바라는 것은 있을 수 없는 일이다"(「군도」)라고 하면서 지도자가 어떻게 하느냐에 따라 민중의 반응이 달라짐도 말했다. 물줄기의 근원인 지도자가 민중을 사랑하면서 이롭게 하면, 그 영향을 받은 민중도 자연스럽게 지도자를 사랑하고 이롭게 하는 반응을 보인다. 그러면 세상은 안정되고, 지도자의 정당성과 존재 가치는 자연스레 확보될 것이다. 이는 순자뿐만 아니라 수많은 선각들이 말해왔고, 너무나도 당연해서 특별히 와닿지 않을 수 있다. 그러나 계속해서 말해지는 까닭은 그만큼 중요할 뿐만 아니라 현실에서 좀처럼 실현되기 힘든 내용이기 때문일 것이다.

지도자가 갖추어야 할 덕목에는 민중을 사랑하고 이롭게 하려는 마음가짐만 있는 것이 아니다. 신뢰와 공정·공평·균등의 마음가짐도 가져야 한다. 지도자가 민중을 믿지 않으면 민중도 지도자를 믿지 않고, 지도자가 민중에게 믿음을 주지 못하면 민중도 지도자에게 믿음을 주지 않는다. 그리고 지도자가 공정하지 못하면 그 피해는 고스란히 민중에게 가게 되고, 민중은 그 피해를 조금이라도 줄이기 위해 또 다른 불공정을 저지르게 된다. 이렇게 무너진 신뢰와 공정은 점점 퍼져나가 세상 전체를 병들게 할 수 있다.

순자는 "모든 즐거움은 나라를 잘 다스리는 데에서 생겨나고, 온갖 걱정은 나라가 혼란한 데에서 생겨난다"(「왕패」)라고 했다. 지극히 조화롭고 고른 정치는 세상 사람 모두에게 기쁨과 행복을 준다. 그만큼 세상이나 나라를 다스리는 지도자의 책임은 그 지위와 권한만큼이나 크고 무겁다. 또 "명철한 왕은 반드시 먼저 나라를 잘 다스린 뒤에 온갖 즐거움을 그 속에서 얻는다"(「왕패」)라고 하면서, 세상 모든 사람이 만족하고 즐거워할 때까지 올바른 정치를 펼침을 멈추지 않는 사명감도 지녀야 함을 강조했다.

그러나 안타깝게도 현실에서의 지도자는 순자의 바람과는 달랐다. 순자는 "지금 세상은 그렇지 않다. 세금을 많이 거두어들여 사람들의 재물을 빼앗고, 밭과 들판의 세금을 무겁게 부과하여 사람들의 양식을 빼앗으며, 관문과 시장의 세금을 가혹하게 거두어 사람들이 장사를 하기 어렵게 하고 있다. 그뿐 아니라 트집을 잡아 허물을 들춰내고 틈을 엿보아 우롱하며, 권세와 계략을 써서 그들을 넘어뜨려 사람들이 서로 해치며 지쳐서 망하게 하고 있다. 사람들도 모두가 분명히 지도층의 행동이 지저분하고 난폭하여 큰 위험이 닥쳐와 망하게 될 것임을 알고 있다"(「부국」)라고 하면서 당시 현실을 적나라하게 고발했다. 또 "지금 왕에게는 큰 문제가 있다. 그것은 바로 현명한 사람에게 나라를 다스리게 해놓고도 못난 사람들과 더불어 그가 하는 일을 규제하고, 지혜 있는 사람에게 다스리는 계획을 세우게 해놓고도 어리석은 자들과 더불어 그가 하는 일을 비평하고, 수양이 잘 된 선비에게 다스리는 일을 하도록 해놓고도 간사한 자들과 더불어 그가 하는 일을 의심하는 것이다. 이러하니 비록 공적을 이루고자 하더라도 될 수가 있겠는가? 그것은 마치 곧은 나무를 세워 놓고 그 그림자가 굽을까 두려워하는 것과 같다. 미혹됨이 이보다 클 수가 없다. 전하는 말에 '예쁜 여자의 아름다움은 그렇지 못한 여자들에게는 해로움이 되고, 공정한 선비는 그렇지 않은 사람들에게는 병폐가 된다'고 하였다. 도(道)를 따르는 사람은 간사한 자들에게는 적이 된다. 지금 간사한 자들에게 그들이 원망하는 적을 비평하도록 하면서, 그들이 한쪽으로 치우치지 않기를 바랄 수가 있겠는가? 그것은 마치 굽은 나무를 세워 놓고 그 그림자가 곧기를 바라는 것과 같다. 어지러움이 이보다 더할 수가 없다"(「군도」)라고 하며 당시 지도자의 자질 없음이 고스란히 세상의 혼란으로 이어졌음을 말했다.

그 옛날 태평성대와 지극히 조화롭고 고른 다스림을 펼쳤다던 성인(聖人) 혹은 성왕(聖王), 지인(至人)은 언제부턴가 현실에 존재하지 않는다. 그렇게 되는 것이 힘들어서일까? 아니다. 그렇게 되기 위해 끝까지 노력하는 이가 드물기 때문이다. 처음에는 순수하고 원대한 꿈을 꾸고 지도자의 자리에 갔지만, 겉만 번지르르할 뿐 결국엔 보통 사람보다 못한 이들을 많이 봐왔다. 그렇기에 순자는 지도자가 지녀야 할 덕목과 책임감, 사명감에 대해 힘주어 말하는 것이다. 조화롭고 고른 다스림을 펼치지 못해 세상 사람들이 혼란에 빠져 있는데도, 지도자의 자리에 있는 사람이 자기만 "안락하기를 바라면 그는 미친 사람이다. 미친 사람은 때를 마다하지 않고 즐기기"(「군도」) 때문이다.

본성을 변화시켜 인위를 일으킨다

지금까지 혼란의 모습들을 알아봤으니 이제는 혼란의 해결에 관해 이야기할 차례다. 우리가 살펴본 혼란의 모습들은 그것이 겉으로 드러났든 아니든 모두 사람의 내면에서 비롯된 것임을 확인했다. 그렇기에 사람의 내면을 악이 아닌 선으로 변화시키면 혼란이 해결된다는 결론에 도달할 수 있다. 이와 관련해 순자는 "성인은 자신의 본성을 변화시켜 의식적 행위를 일으키고, 의식적 행위를 일으켜 예의를 만들고, 예의를 만들어 법도를 제정했다"(「성악」)라고 말했다. 그런데 이는 성인에게는 해당하는 말일 수 있지만, 보통 사람들에게는 그대로 적용하기 힘들다. 우리가 완전한 인격체라고 일컫는 성인은 자연스레 악으로 흐르는 자신의 본성을 선으로 변화시킬 수 있었는지 모르지만, 보통 사람들의 내면에는 그 어떤 선의 실마리도 없거니와 선을 지향하게끔 하는 동력도 없기에 스스로 자기 내면을 다스릴 수 없다. 그러면 어떻게 해야 할까?

아주 방법이 없는 것은 아니다. 순자는 분명 공동체의 혼란을 싫어한 성인이 예를 제정했다고 하였다. 이는 성인이 의식적 행동을 통해 세상의 혼란을 해결할 수 있는 방법을 제시했다는 거다. 다르게 표현하자면, 사람들 스스로 자신들의 내면을 긍정적인 방면으로 변화시키는 것은 힘들기에, 성인이 나서서 사람들과 세상을 위해 최소한의 가이드라인을 만들어 지킬 것을 바랐다는 말이다. 그렇기에 보통 사람들은 성인의 '의식적 행위'의 결과물인 예와 법도를 배우고 익혀 실천할 것을 노력하여 습관화한다면 효율적으로 악으로 흐르는 본성을 변화시킬 수 있다. 이는 "본성은 우리가 어찌할 수가 없지만 변화시킬 수는 있다. 노력을 쌓는 것은 우리가 타고난 것은 아니지만 할 수는 있다. 습관과 풍속을 바로잡아 가면 본성을 변화시킬 수 있다"(「유효」)라는 순자의 말을 통해 재확인할 수 있다.

결국, 순자는 성인이 스스로 자기 내면의 악으로 흐를 수 있는 본성을 변화[화성(化性)]시켜 의식적 행위를 일으킨 결과

[기위(起僞)]를 사람들이 인식하고 본받아 실천하고 노력할 것을 말한 것이다. 그러나 세상의 혼란을 해결하기 위해서 그 원인인 사람의 내면을 변화시켜야 한다는 말만 하는 것은 이론적·논리적으로는 타당하지만, 현실성이 부족하다는 한계가 있다. 이론과 실제가 다른 만큼 허황된 것은 없다. 누구보다 현실적 문제의식과 감각을 지닌 순자가 이와 같은 상황을 원하지는 않았을 것이다. 그렇기에 자신이 이미 성인이 아닌 이상, 보통 사람들은 성인이 의식적 행위로 만든 결과물[기위(起僞)]로 자신들의 행동과 겉으로 드러나는 모습들을 단속함으로써 악으로 흐를 수 있는 내면을 선으로 변화[화성(化性)]시켜야 함을 말한 것이다. 곧 순자의 기획은 '겉'에서부터 '속'으로의 변화다. 선이나 예의 실마리가 없기에 신뢰할 수 없는 사람의 내면이 아닌, 성인의 의식적 행위의 결과물로서 외부(겉)에 존재하는 예와 법도 같은 것을 마음으로 인식한 후 배우고 익혀 실천함으로써 내면(속)을 변화시키는 것이기 때문이다. 이렇게 변화된 내면은 더 긍정적이고 선에 가까운 모습으로 드러날 것이고, 그렇게 형성된 바른 습관은 다시 내면을 더욱 교화할 것이다. 그리고 이 과정은 노력하면 할수록 반복된다. 순자는 바로 이러한 선순환 구조를 모든 사람이 실현하여 사회로까지 확장하고 적용하면 세상의 혼란을 해결하거나 방지할 수 있다

고 본 것이다. 그럼 성인이 만들었다는 예와 법도와 더불어 우리를 악이 아닌 선으로 이끌어주는 것으로 순자는 또 무엇을 제시했는지 알아보자.

1 사람의 도리인 예

인(仁)을 제외하고 공자를 말하기 힘들 듯이 예(禮)를 빼고 순자를 거론하기는 쉽지 않다. 순자 사상 전반에 예가 묻어 있고, 그가 궁극적으로 지향하는 지극히 조화롭고 고른 세상인 지평(至平)도 예에 의해서 성립하기 때문이다. 사람은 사회를 이루고 살아갈 수밖에 없는 존재다. 한 사람이 자신에게 필요한 물건을 완벽하게 자급자족할 수 없다. 그렇기에 사람들은 저마다 자신의 맡은 바 일을 하면서 서로의 부족함을 채워준다. 직접적으로 관련되지 않더라도 결국 서로 직분을 나누어 도와간다고 볼 수 있다. 그런데 사회를 이루고 살아감에 있어 일정한 규칙이나 약속이 없으면 서로 다투게 되고, 다투게 되면 세상이 혼란해지며, 혼란해지면 사회가 와해되고, 사회가 와해되면 그만큼 사람들의 힘이 약해지며, 힘이 약해지면 만물을 잘 이용해낼 수가 없다. 사회를 원만하게 유지하기 위한 질서가 없으면 사람이 할 일, 곧 자연과 만물을 사람에게 유익하게끔 이용하는 것이 불가능한 것이다. 순자에게는 예가 바로 질서의 역할을 한다.

그렇다면 예는 어떻게 생겨난 것일까? 순자는 "옛 임금들은 혼란을 싫어했기 때문에 예의를 제정해 일정한 기준과 한계를 정해 사람들의 욕구를 만족시켜 주고, 사람들이 구하는 물건을 공급함으로써 사람들의 욕구와 그에 해당하는 물건이 서로 균형을 맞춰 발전하도록 하였다"(「예론」)라고 말했다. 또 "예의라는 것은 성인의 의식적 행위에 의해 생겨난 것이지, 사람의 본성에서 생겨난 것이 아니다"(「성악」)라고 했다. 사람의 내면에 있는 끝없는 욕구로 인해 세상이 혼란해지는 것을 염려한 성인에 의해 예가 만들어졌다는 말이다. 그리고 그 예를 통해 사람들의 욕구를 충족 및 조절함으로써 혼란을 바로잡을 수 있다고 한다.

그런데 사람의 내면에는 예의 실마리도 없는데, 역시나 사람인 성인은 어떻게 예를 만들게 됐을까? 이와 관련해 순자는 "성인이 생각을 쌓고 의식적으로 선한 행위를 오랫동안 익혀 예의를 만들어 내고 법도를 제정했다"라고 하며 "성인이 보통 사람과 같은 것은 본성이지만, 보통 사람과 다르게 뛰어난 것은 의식적 행위이다"(「성악」)라고 했다. 이처럼 성인도 사람인 이상, 다른 사람과 마찬가지로 태어나면서부터 자연스럽게 악으로 흐를 수 있는 내면을 지니기에 타고난 재능이 특별히 뛰어났다고 볼 수 없다. 다만 후천적 노력이 뛰어났다. 다른 사람들보다 많은 사려와 학습 등의 노력을 통해 내면을 긍정적으로 변화시킬 수 있는 능력을 지니게 된 것이다.

예는 사람들의 무한한 욕구의 충돌로 인해 세상이 혼란해질 것을 우려한 성인이 만든 사회적 법도이다. 법도라고 하니까 괜히 딱딱한 제도로 여겨질 수도 있는데, 여기에서의 의미는 기준과 한계를 만들어 욕구를 제어하려고만 한 것이 아니라, 욕구를 충족시키려는 것이다. 순자는 "예란 욕구를 충족시켜주는 것이다. 군자가 이미 그 충족함을 얻었다면 또한 분별을 좋아할 것이다. 분별이란 무엇을 말하는가? 그것은 귀하고 천한 등급이 있고, 어른과 아이의 차이가 있고, 가난함과 부유함, 가볍고 무거움에 있어 모두 알맞게 어울리고 있음을 뜻하는 것이다"(「예론」)라고 하면서 예의 기능으로서 분별과 조화를 말한다. 그런데 분별은 등급과 차이, 가볍고 무거움이라는 내용을 포함한다. 그렇기에 순자의 말을 차별이라고 오해할 수도 있겠다. 그러나 이는 개인의 상황이나 상태에 대한 일방적 차별을 말하는 것이 아니라, 사회 일원으로서 각자 처한 위치와 담당하는 역할이 다름을 말하는 것이다. "도량형이 사물의 기준이라면, 예는 예법과 제도의 기준이다. 도량형으로는 사물의 수량을 표시하고, 예로는 인륜을 결정한다. 덕(德)을 근거로 하여 직위의 서열을 매기고, 능력을 기준으로 하여 벼슬을 내려준다"(「치사」)라는 순자의 말을 보면, 일방적 차별이 아니라는 것을 알 수 있다. 도량형으로 사물의 개수·크기·무게·부피 등을 측정하고 표시하듯이, 예로써 사회 구성원의 관계와 질서를 헤아리고 확정한다는 것이다. 구체적인 예로 덕이 높은 사람에게는 높은 지위를 부여하고, 능력이 있는 자에게는 그 능력을 펼칠 수 있는 적절한 자리를 마련해주는 것을 든다. 여기서의 덕과 능력은 모두 예에서 비롯되는 것이기에, 결국 예를 얼마나 체득하고 실천하느냐를 잘 살펴 구별한 다음 그에 따른 대우를 해주자는 얘기다. 관련하여 순자는 "왕이나 귀인, 사대부의 자손이더라도 예의에 힘쓸 수 없다면 그들을 보통 사람의 신분으로 낮추고, 비록 보통 사람의 자손이라 할지라도 학문을 쌓아 몸가짐을 바르게 행동하고 예의에 힘쓴다면 그를 재상이나 사대부로 끌어 올린다"(「왕제」)라고까지 말했다. 사람의 지위와 직분은 고정된 것이 아니다. 이처럼 예를 바탕으로 한 다름에 대한 구별, 곧 분별에 의해 자신이 처한 위치에 대한 자각과 함께 맡은 바 직분을 다함으로써 개인의 욕구가 적절히 조절 및 충족되면 세상은 비로소 혼란에서 벗어날 수 있다.

"예에는 세 가지 근본이 있다. 하늘과 땅은 생명의 근본이고, 먼저 산 사람들은 지금 사람들의 근본이며, 임금은 다스림의 근본이다. 하늘과 땅이 없다면 어떻게 생명이 있겠으며, 먼저 산 사람들이 없다면 어떻게 지금 사람이 났겠으며, 임금이 없다면 어떻게 세상이 다스려지겠는가? 이상 세 가지 가운데 하나라도 없다면 사람은 편안할 수 없다"(「예론」)라고 순자는 말했다. 예의 근본으로 자연과 조상, 임금을 든다. 순자가 철저히 사람 중심의 사고를 하는 것을 고려하면, 자연을 바탕으로 인류를 비롯한 온갖 생명체가 생겨나고, 생명체는 번식을 통해 계속 종족을 이어가기 때문에 자연과 조상은 예의 수동적인 근본이라고 할 수 있겠다. 자연과 조상이라는 두 근본은 사람의 본성처럼 굳이 배우거나 노력하지 않아도 저절로 주어지는 것이기에 지금을 살아가는 사람의 능동적인 힘이 미칠 여지가 적다. 반면 임금과 같은 사회를 이끄는 지도자는 예의 능동적인 근본이라고 할 수 있다. 물론 지도자라는 지위의 존재 자체는 자연과 조상처럼 이미 주어진 것이라 할 수 있기에 수동적인 측면이 아예 없진 않다. 그러나 자연의 이치와 운행, 그리고 옛사람들의 행적과 유산에는 지금 사람이 직접 관여할 수 없지만, 현재 지도자의 정치 행위에 대해서는 지도자의 자리에 있는 사람 스스로나 사회 구성원들이 얼마든지 직간접적으로 관여할 수 있다. 이런 의미에서 예의 세 가지 근본 가운데 능동적인 부분이라는 것이다.

순자가 임금, 곧 지도자의 존재와 그 역할을 예의 근본 가운데 하나로 봤다는 것은 사람이 살아가는 데 있어 이른바 정치가 중요함을 인식했다는 말이다. 그렇기에 예는 지도자가 세상을 올바르게 다스리는 출발점이 되기도 한다. 그리고 세상을 다스리는 준칙이자 지도자가 스스로 위엄을 행하는 방법이며 공적과 명성을 한데 모아서 합치는 수단이다. 그렇기에 지도자가 예를 진정으로 체득하고 실천하면 세상이 안정되어 민중의 마음을 얻을 수 있지만, 지도자가 예에 어긋나는 운영을 하면 민심은 동요한다. 같은 맥락에서 순자는 "물을 건너는 사람은 수심이 깊은 곳에 표지를 세우는데, 표지가 분명치 않으면 물에 빠진다. 백성을 다스리는 사람은 도(道)를 표지로 세우는데, 표지가 분명치 않으면 혼란해진다. 예가 바로 표지이다. 예에 어긋나면 세상이 어두워지고, 세상이 어두워지면 크게 혼란해진다"(「천론」)라고 말했다. 물의 깊이나 산의 높이를 알리는 표지가 일정한 기준이 없거나 그 정보가 바르지 않으면 온갖 사고의 원인이 되는데, 이는 지도자가 정치 행위를 함에 있어서도 마찬가지라는 것이다. 정치에 있어서 표지는 예다. 그렇기에 지도자는 예에 맞게 정치의 올바른 표준을 세우고, 그것을 성실히 실행해야 한다.

지금까지 내용을 보면 예는 지도자나 지도층의 전유물로 느껴질 법하다. 그러나 예는 모든 사람이 궁극적으로 추구해야 할 도리이다. 순자는 "예란 사람이 추구해야 할 도리의 극치이다. 그러니 예를 본받지 않고 지키지 않으면 도리를 모르는 백성이라 하고, 예를 본받고 잘 지키면 도리를 아는 선비라고 한다. 예에 맞게 사색할 줄 알면 생각할 줄 안다고 하고, 예에 맞게 들어맞아 지조가 바뀌지 않으면 절개가 굳다고 할 수 있다. 사물의 이치를 추구할 줄 알고 변함없이 절개를 지키며 누구보다 예를 좋아하는 사람이 바로 성인이다. 그러므로 하늘은 높음의 극치고, 땅은 낮음의 극치며, 끝이 없는 것은 넓음의 극치고, 성인은 도리의 극치다. 따라서 공부하는 사람은 오로지 성인이 되기 위해 공부하는 것이지, 도리를 모르는 백성이 되기 위해 공부하는 것이 아니다"(「예론」)라고 말했다. 순자의 말을 보통 사람들은 도리를 모른다는 식으로 받아들이면 곤란하다. 물론 순자의 시대는 신분 사회였기에 일반 백성보다 삶의 여유가 있는 사람인 귀족들이 좀 더 많은 배움의 기회를 얻었을 테고, 그렇기에 도리를 더 잘 알 수는 있겠다. 그러나 순자가 말한 공부하는 사람은 특정 계층의 사람이나 단순히 지식을 습득하는 사람이 아니라, 배움에 대한 의지가 있으며 그 배움을 실천하는 사람이라고 봐야 한다. "길거리의 사람들도 선을 쌓아 완전함을 다하게 되면 그를 성인이라 일컫는다"(「유효」)라고 한 말이 이를 뒷받침해준다. 눈앞의 혼란을 해결하고 싶었던 순자는 신분의 높고 낮음을 막론하고 모든 사람에게 예가 적용됨을 말할 뿐만 아니라, 모두가 예를 배우고 공부하는 사람이 되기를 바랐던 것이다.

순자가 유독 예를 강조하기에 순자는 인(仁)과 의(義)를 도외시하는 것이 아니냐는 의문을 가질 수 있다. 그러나 순자도 인과 의의 의미와 그 중요성을 잘 알았다. 그는 "친한 사람을 친하게 대하고, 오래된 친구를 오래된 친구로 대하고, 공이 있는 사람에게는 공로를 인정해 주고, 수고한 사람에게는 그 수고를 위로해 주는 것이 인에 따른 차등이다. 귀한 사람을 귀하게 대하고, 존경할 만한 사람을 존경하며, 현명한 사람을 현명한 사람으로 대접하고, 노인을 노인으로 잘 모시며, 어른을 어른으로 잘 모시는 것이 의에 맞는 순서이다. 이상의 것들을 실행해 그것이 절도에 맞는 것이 예의 질서이다. 인은 사람을 사랑하는 것이기에 친함으로 표현되고, 의는 이치에 합당한 것이기에 실천하면 두루 통하고, 예는 절도가 있기에 인과 의를 모두 이룰 수 있다"(「대략」)라고 했다. 인은 사람을 사랑하는 마음이고 의는 이치에 합당한 것인데, 사랑하는 마음의 표현과 이치에 합당한 실천은 상대와 상황에 따라 차등과 순서가 있게 마련이라는 말이다. 그리고 그러한 인과 의가 적절하게 작용하는 것이 예의 질서이기에, 최종적으로 예가 실현되면 인과 의도 자연히 실현된다고 본 것이다.

"사람으로서 예가 없다면 제대로 살아가지 못하고, 일을 하는 데 예가 없다면 일을 이룰 수 없으며, 나라에 예가 없다면 편안하지 못하다"(「수신」)라고 말할 정도로 순자에게 있어 예는 개인 영역에서 사회 영역까지 모든 것의 정점에 서 있는 것이다. 이러한 "예의 원리는 정말로 깊고 크며 높아서 명가(名家)의 궤변이나 법가(法家)의 편벽되고 고루한 학설, 도가(道家)의 난폭하고 방종하는 무리들이 그 안에 들어가면 빠져 죽거나 없어지거나 떨어져 버린다."(「예론」) 이처럼 그 어떤 이론이나 학설도 예를 대체할 수 없고 예의 영역을 침범할 수 없다. 반면, 예는 모든 이론이나 학설, 규범보다 우위에 있으면서 모든 것을 포괄한다. 순자는 사람 내면에서 비롯된 악에 의한 혼란을 해결함으로써 선한 개인, 나아가 선한 세상을 만들고자 했다. 그리고 그 중심에는 예가 있다. 예는 "무엇이 선인지를 판가름해주는 척도"(「수신」)이자 "사람이 사람답게 살기 위해서 지켜야 할 도리의 최고점"(「예론」)이기 때문이다.

2 예의 동반자, 악

앞서 예(禮)를 이야기하면서 제도, 척도, 법도, 기준, 규범, 도리와 같은 말이 나오니 뭔가 딱딱하고 메마른 느낌이 들었을 거다. 혼란한 세상의 질서를 바로잡을 일종의 체계를 말한 것이다 보니 충분히 그럴 수 있다. 유가에서는 전통적으로 예(禮)와 악(樂)을 더불어 이야기하는데, 그럴만한 까닭이 있기 때문일 것이다. "악이란 것은 조화가 변하지 않는 것이고, 예라는 것은 이치가 바뀔 수 없는 것이다. 악은 모든 것을 다 같이 화합하게 하지만, 예는 모든 것을 따로따로 구별한다. 그러나 예와 악의 도리는 사람의 마음을 다스린다"(「예론」)라는 순자의 말을 살펴보면 대략 그 까닭이 보인다. 앞서 살펴보았듯이 예는 바뀔 수 없는 이치이며 사람의 직분을 비롯한 모든 사람을 구별하는 기능을 한다. 반면, 악은 모든 것을 화합하게 하며 그러한 조화의 본질은 어떤 것으로도 변하게 할 수 없는 것이다. 곧 예는 구별, 악은 조화라는 상반된 기능을 가진다. 그렇지만 둘 사이의 공통점도 있다. 바로 사람의 마음을 다스린다는 점이다. 그런데 여기서 주의할 점이 있다. 순자 사상에 있어 마음은 사람 내면의 속성 가운데 하나인 지각 능력을 말한다는 점이다. 그러하면 순자는 예와 악 둘 다 지각 능력으로서의 마음을 다스린다고 말한 것일까? 아니다. 예는 지각 능력이자 이성 작용인 마음에 작용하는 것이 맞지만, 악은 감정의 영역에 작용한다. 그렇기에 "예와 악의 도리는 사람의 '마음'을 다스린다"라는 표현은, "예와 악은 사람의 '내면'을 다스린다"라고 이해하는 게 좋다.

물론 일반적으로 마음이라고 하면 사람 내면의 속성인 본성, 감정, 욕구, 마음을 통틀어 말하고, 또 그렇게 받아들이기에 굳이 구분할 필요가 있을까는 의문이 들 수 있다. 그러나 우리는 순자의 사상을 살펴보고 있다는 것을 잊어서는 안 된다. 순자가 말하는 사람의 내면에는 선의 실마리가 전혀 없다. 그렇기에 사람의 내면을 선한 방향으로 이끌기 위해서는 외부에 존재하는 선을 인지할 수 있는 마음의 역할이 무엇보다 중요하다. 지각 능력인 마음이 외재하는 선인 예(禮)를 인지해야만 사람 내면이 악으로 흐르는 것을 막으면서 선으로 나아갈 최소한의 바탕이 마련되는 것이다. 순자의 이른바 심성론(心性論)에 대한 입장과 마음의 역할에 대한 언급을 감안하면, 이곳에서의 마음이라는 용어에 대한 명확한 풀이는 정확한 이해를 돕기 위해 반드시 필요하다.

마음과 내면을 구분해야 하는 또 다른 이유가 있다. 순자는 "악이란 즐기는 것이다. 사람의 감정으로서는 없을 수가 없다.

그러므로 사람에게는 악이 없을 수가 없다. 즐거우면 곧 그것이 목소리로 나타나고 행동으로 표현된다"(「악론」)라고 말했다. 이른바 음악이라고 하는 것은 사람의 내면에 이미 즐거움이라는 감정으로 있다는 것이다. 그리고 사람이 즐거운 기분이 들면 그것이 콧노래나 휘파람이나 일반적인 노래 방식 등의 운율적 소리로 드러날 뿐만 아니라, 손짓, 발짓, 몸짓 따위의 춤으로 드러난다. 이는 외재적으로 존재하는 예와 달리, 악은 사람의 내면에 감정이라는 이름으로 내재한다는 말이다. 달리 표현하면 내면의 감정이 노래와 춤 등의 형태로 외부로 드러난 것이 악인 것이다. 감정은 악의 내용이고, 악은 감정의 표현방식이다. 또 본질적으로 같은 것이 사람의 내면에서는 감정, 외부에서는 악이라는 이름으로 있는 셈이다. 결국 악은 사람 내면의 한 요소인 감정과 깊은 관련이 있는 것이다.

그런데 여기서는 여러 감정 가운데 즐거움만 이야기했다. 그러나 즐거움만 감정인 것은 아니다. 그리고 음악에도 즐거운 음악만 있는 것이 아니다. "상복을 입고 곡하는 소리는 사람의 마음을 슬프게 하고, 갑옷을 입고 투구를 쓰고 행렬을 지어 부르는 노래는 사람의 마음을 아프게 한다"(「악론」)라는 표현을 보면 알 수 있다. 순자는 다만 여러 감정 가운데 즐거움을 예시로 들어 음악을 설명한 것일 뿐이다. 그리고 감정을 표현하는 방식도 음악만 있는 것은 아니다. 문학, 미술과 같은 것들도 있다. 그럼에도 순자가 음악을 위주로 말한 까닭은 음악이 다른 무엇보다 기초적이고 즉각적이기 때문이다. 가령 문학의 경우는 언어가 다를 수 있고, 언어가 같아도 표현의 뉘앙스를 파악하기 쉽지 않을 수 있기에 음악에 비해 이차적이다. 순자가 말하는 음악은 사람이 표현할 수 있는 소리와 모든 형태의 몸짓을 아우르는 것이며, 이는 예부터 지금까지 지역과 문화권을 가리지 않고 통용되는 언어와 같다.

그렇다면 순자가 예와 더불어 악을 이야기하는 의도는 무엇일까? "즐거우면 곧 그것이 목소리로 나타나고 행동으로 표현된다"라는 말에서 알 수 있듯이, 악은 감정으로 사람 내면에 존재하기도 하지만, 일종의 예술 작품과 같이 외부에도 존재한다. 사람의 내면은 겉으로 표현되기 마련인데, 단지 아무도 없는 시공간에서 홀로 표현한다면 사적 영역에 머무르겠지만, 다른 사람과의 관계 속에서 표현되면 공적 영역에까지 영향을 미치게 된다. "사람은 즐거운 감정이 없을 수가 없으며, 즐거우면 겉으로 표현하게 되는데, 표현한 것이 도리에 맞지 않으면 세상이 혼란할 수밖에 없다"(「악론」)라는 말을 보면, 순자가 주목한 부분은 분명 공적 영역에서의 악의 기능과 역할이다.

순자는 "옛 임금들은 (도리에 맞지 않는 악에 의한) 혼란을 싫어했다. 그러므로 아(雅)·송(頌)과 같은 음악을 제정하여 사람들을 이끎으로써 음악을 충분히 즐기면서도 방탕함으로 흐르지 않게 하고, 그 형식은 충분히 분별되면서도 없어지지 않게 하며, 그 가락의 진행·복잡함과 단순함·소리의 크고 작음과 음색의 높고 낮음·장단의 속도는 사람의 착한 마음을 감동시키기 충분해, 사특하고 더러운 기운이 가까이할 수 없도록 하였다. 이것이 옛날의 어진 임금들이 음악을 제정한 이유이다"(「악론」)라고 하였다. 여기서 알 수 있듯이 순자가 악을 언급한 의도는 세상의 혼란을 방지하거나 해결하기 위해서다. 이는 순자가 예를 강조하는 까닭과 같다. 그리고 일종의 표준 음악을 옛날의 어진 임금들이 만들었다고 하는 것은, 성인이 예를 제정했다고하는 것과 흡사하다. 악에도 예 못지않은 순기능이 있음을 알아챈 것이다. 그러나 사람의 감정을 자극해 공감을 이끌어내는 음악의 힘이 자칫 잘못하면 사람들을 방종이나 방탕으로 흐르게 하거나 사악하고 부정한 목적으로 쓰일 수 있음을 지적하기도 했다. 혼란의 원인을 사람의 내면으로 보는 순자 입장에서는 감정의 표현 방식인 악의 역기능을 생각하지 않을 수 없었다. 그러나 순자는 역기능 때문에 악을 버리기보다는 악의 순기능을 적극적으로 활용하는 쪽을 선택했다.

"음악은 종묘에서 임금과 신하, 윗사람과 아랫사람이 더불

어 들으면 곧 화합하고 공경하지 않을 수가 없게 되고, 집안에
서 부모형제가 함께 들으면 곧 화합하고 친하지 않을 수가 없
게 되며, 마을 사람들의 모임에서 어른들과 젊은이들이 함께
들으면 화합하고 온순해지지 않을 수가 없게 된다. 그러므로
음악이란 기준이 되는 한 음을 잘 살펴 조화롭게 만든 것이고,
여러 가지 악기를 견주어서 곡조를 꾸민 것이며, 온갖 악기들
의 합주로써 아름다운 형식을 이룬 것이다. 그것은 충분히 한
가지 도(道)를 따를 수 있으며, 충분히 만물의 변화를 다스릴 수
있다. 이것이 옛 임금이 음악을 만든 목적이다"(「악론」)라고 한
말에서 보이듯, 악의 순기능은 단연 조화와 화합이다. 그리고
어떤 상황에서 어떤 사람들과 듣는가에 따라 공경, 친애, 온순
과 같은 부수적 순기능이 나타난다.

　　순자는 사람 사이의 일을 음악 자체에 빗대어 말했다. 으뜸
이 되는 음을 따라 가락을 배열하고 분위기에 맞는 악기를 적
절히 배치해 함께 연주함으로써 최종적으로 하모니를 이루는
것이 음악이라고 보았다. 이는 흔히 세상을 오케스트라에 비유
하는 것과 닮았다. 오케스트라의 지휘자와 연주자들은 각자의
자리에서 맡은 역할을 다해야만 곡을 온전히 연주할 수 있듯
이, 세상 사람들도 각자의 자리에서 맡은 역할을 다해야만 원
만한 세상을 만들 수 있다. 그리고 "음악은 충분히 한 가지 도

를 따를 수 있다"라고 했는데, 여기서 '도'는 사람이라면 반드시 따라야 하는 도리, 곧 예를 말한다. 또 "충분히 만물의 변화를 다스릴 수 있다"라는 표현은 사람의 수많은 감정 변화뿐만 아니라 하늘을 비롯한 모든 사물의 변화를 다스릴 수 있다는 말일 것이다. 그런데 이는 어찌 보면 예의 기능과 별반 다르지 않다. 각자의 자리에서 맡은 역할을 다함으로써 만물의 변화를 다스리는 것은 예의 기능이기 때문이다. 따라서 악과 예는 별개의 것이 아니라, 선하고 균형 잡힌 세상을 지향하는 공통 목적을 가진 것임을 알 수 있다. 다만 예는 분별, 악은 조화에 무게 중심이 쏠려 있다는 점이 다를 뿐이다.

3 최소한의 강제력인 법

순자는 조화롭고 원만하며 선한 세상을 만들고 유지하기 위한 방도로 예와 악을 말했다. 그러나 줄곧 말하지만, 사람의 내면에는 그 어떤 선의 실마리도 없다. 지각 능력인 마음이 외재하는 선을 인지해 그것을 실천하고 즐겨야 한다. 그런데 문제는 그래야 한다는 당위만 있지 자생적 동기나 강제성은 없다는 것이다. 어떤 것이 윤리·도덕적으로 옳다고 여길 수 있는 유일한 존재도 사람이지만, 현실적 이해타산에 따라 얼마든지 다른 선택을 할 수 있는 존재도 사람이다. 이런 사람 내면의 속성을 아주 잘 아는 순자로서는 예와 악이 갖추지 못한 강제성을 담보해줄 무언가가 필요했다.

순자가 찾은 답은 바로 법(法)이었다. 법은 가장 밑바닥에서 예와 악이 제대로 행해질 수 있도록 지탱해주는 제도이자 마지막 보루이다. 그러나 법이 있어도 의로움과 같은 법의 이치에 대한 올바른 인식이 없다면, 법이 없는 것과 같다. 법에 합당한 행동을 하는 것보다 법의 원리를 잘 이해하는가가 더 중요하다는 것이다. 의로움과 같은 법의 원리를 알지 못하면서 법의 조목만 따지는 사람은 비록 법에 대한 지식이 많더라도 결국 난관에 봉착할 수밖에 없다.

그렇다면 법의 원리는 구체적으로 무엇일까? 순자는 "법은 다스림의 실마리이다"(「군도」)라고 말했다. 세상을 원만하게 유지하기 위해서는 법을 우선적으로 구비해야 한다는 말이다. 그런데 주목할 점은 순자가 "예의는 다스림의 시작이다"(「왕제」)라고도 말했다는 것이다. 법과 예가 모두 다스림의 실마리이자 시작이라고 하니, 언뜻 보기에 법과 예가 같은 값이라고 하는 것 같다. 그러나 법은 예와 악을 보조하는 역할 그 이상도 이하도 아니라는 사실을 잊어서는 안 된다. 이와 관련하여 순자는 "군자는 법의 근원이다. 군자가 있으면 법이 비록 생략되어도 충분히 두루 퍼질 것이고, 군자가 없으면 법이 비록 갖추어져 있어라도 앞뒤로 실행할 순서를 잃고 일의 변화에 대응하지 못하여 충분히 어지러워질 것이다"(「군도」)라고 말했다. 군자가 법의 근원이라면, 군자는 법의 원리를 이미 갖추고 있을 수밖에 없다. 그렇기에 법의 유무보다는 군자의 유무가 더 중요하고, 군자가 있느냐 없느냐에 따라 법의 실행 여부가 판가름난다. 그리고 군자는 예를 체득하고 실천하는 사람이기에 예의 또 다른 이름이기도 하다. 그렇기에 군자가 있고 없음은, 예 또는 예를 실현하는 사람의 있고 없을 다르게 표현한 것이라고 볼 수 있다. 이를 바로 앞 순자의 말에 그대로 대입해보면, "예는 법의 근원이다. 예가 있으면 법이 비록 생략되었다 하더라도 충분히 두루 퍼질 것이고, 예가 없으면 법이 비록 갖추어져 있다 하더라도 앞뒤로 실행할 순서를 잃고 일의 변화에 적응하지 못하여 충분히 여지러워질 것이다"라는 문구가 된다. 법의 근원은 예이기 때문에, 예의 있음과 없음에 따라 법의 실현 여부가 결정된다. 법보다 예가 우위에 있는 것임을 분명히 알 수 있는 부분이다. 이는 "도량형이나 법칙 같은 것은 나라를 다스리는 마지막 수단이지, 근원은 아니다. 군자가 다스림의 근원이다"(「군도」)라는 말에서 재확인할 수 있다. 다스림의 근원은 군자이고, 군자는 예의 다른 말이기에, 예가 바로 다스림의 근원이자 시작이다. 따라서 법의 원리는 다름 아닌 예인 것이다.

법과 예는 사람의 내면에 있는 것이 아닌 인위적으로 만든 것이다. 또한, 둘 다 사람의 외면을 단속하는 역할을 한다. 일종의 강제성이 있는 것이다. 그러나 법과 예 사이에는 강제성의 강도와 현실적 쓰임에 있어 차이가 있다. 예의 강제성은 사람이라면 마땅히 그래야 한다는 당위에 그치고 만다. 예에 걸맞지 않은 행동을 하더라도 무례하다는 질책이나 비난정도만 당할 뿐, 즉각적으로 받게 되는 불이익이 없는 경우가 허다하다. 반면 법의 강제성은 직접적이고 즉각적이다. 순자는 "나랏일을 처리하는 대원칙은 선에 이른 자는 예로써 대하고, 선하지 못함에 이른 자는 형벌로써 대하는 것이다"(「왕제」)라고 했다. 또 "법에 있는 것은 법에 따라 행하고, 법에 없는 것은 유사한 경우에 비추어 행하면 나랏일은 바르게 처리될 것이다"(「왕제」)라고 했다. 예와 법은 모두 자칫 악으로 흐를 수 있는 사람들을 선으로 이끌기 위한 장치들이다. 그런데 나랏일과 같이 현실적인 일을 처리하는 데 있어서는 예가 아닌 법을 우선 사용한다. 그리고 선하지 못한 자, 곧 법을 어긴 자는 형벌이라는 직접적이고 즉각적 불이익을 가함으로써 잘못을 바로잡고자 한 것이다.

순자는 "다스림의 원칙은 예와 형벌이다"(「성상」)라고 할 정도로 법을 중시했다. 이는 그의 왕도와 패도에 대한 인식에까지 연결된다. 순자 사상에서는 예를 높이고 어진 사람을 높이는 것이 왕도이며, 법을 중시하고 민중을 사랑하는 것이 패도이다. 예를 기준으로 말한다면, 예를 완전하게 실행하면 왕도이고 예를 불완전하게 실행하면 패도이며 예를 완전히 폐기하면 나라가 망한다고 보았다. 곧 왕도와 패도를 대립적으로 파악하지 않은 것이다. 패도는 왕도를 실현하기 어려울 때 쓰는 차선책이다.

순자가 법을 중시하다 못해 패도까지 인정하다 보니 순자 사상을 법가 사상과 다름없다고 오해할 수도 있다. 그러나 순자의 지향점은 어디까지나 세상의 혼란을 해결하거나 방지하는 것이었다는 것을 잊지 말자. 순자 당시에는 전국시대를 종식하는 것이 급선무였다. 나라 간의 전쟁이 없는 세상을 만드는 방법은 천하통일이다. 그렇기에 여러 나라를 하나로 뭉치게 만드는 일이라면 법과 힘을 앞세운 패도도 괜찮다고 여겼던 것이다. 하지만 세상은 넓고 다툼의 상대는 언제나 존재한다. 또한, 순자가 바라본 사람의 내면에 의하면, 아무리 같은 뜻을 품고 뭉친 무리라도 상황 변화에 따라 피어오를 수 있는 다툼의 불씨를 저마다 안고 있다. 그렇기에 법은 혼란을 해결하거나 방지할 현실적이고 즉각적 방안은 될 수 있을지 몰라도, 근본적 대안은 되지 못한다. 이 점은 순자도 잘 알고 있었던 모양이다. 진나라의 재상인 범저(范雎, ?~기원전 255)가 진나라에 대해 묻자 순자는 "다스림의 지극함에 진나라가 비슷하게 가는 것 같다. 비록 그렇기는 하지만 진나라에는 우려되는 부분이 있다. …… 그게 무얼까? 진나라에는 유학자가 거의 없다. 유학 사상을 순수하게 쓰면 왕도로 천하를 다스리는 사람이 되고, 잡되게 쓰면 패도로 천하를 다스리는 사람이 되며, 하나도 쓰는 것이 없다면 망한다고 했다. 유학자가 없는 것은 진나라의 단점이다"(「강국」)라고 대답했다. 결국 진나라가 천하를 통일했지만, 순자가 살아 있을 때도 진나라는 강국의 면모를 가지고 있었다. 진나라는 법가 사상을 받아들여 법과 상벌을 중시함으로써 부를 축적하고 전쟁에서 승승장구하며 강국이 되었다. 나름 패도를 실현한 것이다. 그러나 순자가 보기에는 진나라가 위태로워 보였다. 패도만 했기 때문이다. 순자는 패도도 인정했을 뿐이지, 패도를 다스림의 지극함으로 보지는 않았다.

순자는 분명 예를 높이고 법을 중시할 것을 주장했다. 그러나 순자가 중시했던 법은 형벌과 같은 메마른 제도적 장치가 아니다. 법의 원리인 예가 그 속에 살아 숨쉬는 법이다. 그리고 누군가를 억압하고 구속하기 위해 법을 중시한 것이 아니라, 사람과 세상을 선으로 이끌기 위한 최소한의 형식으로써 법을 중시했다.

4 이름과 실상의 일치

순자는 어떤 존재의 이름과 그 존재의 실상이 서로 일치하지 않음도 세상을 혼란하게 만드는 요인으로 보았다. 그렇기에 이름과 실상의 일치를 말하는 정명(正名)을 주장했다. 정명이라고 하면 공자가 주나라 사회 질서와 제도를 회복하기 위해 현실적 의미를 상실한 명분을 바로잡고자 한 것을 먼저 떠올릴 수 있다. 그러나 순자가 말하는 정명은 명분을 바로잡는 것이라기보다는 이름을 바로잡는 것에 주안점이 있다. 순자는 "지금은 성왕이 없어 명(名)을 지키는 일을 태만히 하고 기이한 말들이 생겨나 이름과 실상이 서로 맞지 않으며 옳고 그름의 형상이 분명치 않다. 그래서 비록 법을 지키는 관리나 경전을 외우는 유생이라 하더라도 역시 모두 혼란해한다"(「정명」)라고 했다. 현명한 지도자가 없어 명칭의 체계가 흐트러졌기에 이상한 말들이 생겨나고, 이름과 실상의 관계가 혼란해지며, 옳고 그름의 기준이 모호해진 것이다. 그 결과, 법을 주관하는 사람들도 법의 조목만 알 뿐 법의 뜻을 모르고, 이른바 지식이라는 사람들도 경전을 외우기만 할 뿐 경전의 진의를 모르는 혼란에 빠진 것이다. 순자가 "현명한 왕이 이름을 만들면 이름이 정해져 실상이 분별되고 올바른 도가 행해지고 뜻이 통하게 된다"(「정명」)라고 하면서 실상에 맞는 이름을 만들 것을 주장하는 까닭이다. 그렇다고 이름을 만든다는 것이 무조건 새로운 이름을 만든다는 뜻은 아니다. 예전의 이름을 따르기도 하고 새로운 이름을 만들기도 한다. 제대로 된 이름은 그대로 유지하고 잘못된 이름은 고치는 것이다. 그야말로 이름을 바로잡는 것이다.

순자는 "모양이 다른 것에 대해서 사람의 마음이 다르게 이해하고 서로 다른 물건들의 이름과 실상이 어지럽게 뒤섞이면, 귀한 것과 천한 것도 명확하지 않고 같은 것과 다른 것도 분별하지 못한다. 이렇게 되면 반드시 뜻이 서로 통하지 않는 걱정이 생기고 일이 곤란해지는 폐단이 있게 된다. 그러므로 지혜로운 사람이 그것을 분별하기 위해 이름을 만들어 실상을 지정하여, 위로는 귀한 것과 천한 것을 밝히고 아래로는 같은 것과 다른 것을 분별토록 하였다. 귀한 것과 천한 것이 명확해지고 같은 것과 다른 것을 구별하게 되면, 뜻이 통하지 않는 걱정이 사라지고 일이 곤란해지는 폐단이 없어진다. 이것이 이름이 있게 된 이유이다"(『정명』)라고 했다. 이름이 있어야 하는 이유는 사람들 사이에 서로 뜻이 통하지 않아서 곤란해지는 일이 생기는 상황을 막기 위해서다. 원활한 소통을 위해서 사물의 실상에 맞는 이름이 필요한 것이다. 이때 따라오는 효과인 사람의 귀하고 천함과 사물의 같고 다름에 대한 구분은 예의 기능이기도 하다. 이는 악이나 법과 마찬가지로 이름을 바로잡는 것도 예를 실현하기 위한 수단임을 알게 해주는 부분이다.

그렇다면 사람은 무엇을 근거로 같은 것과 다른 것을 구별할까? 우선 날 때부터 타고난 감각기관에 의해서 구별 가능하다. 통상적으로 시각은 모양과 색깔, 무늬 등을 구별하고 청각은 온갖 소리를 구별하며 미각은 갖은 맛을 구별하고 후각은 모든 향기와 냄새를 구별하며 촉각은 피부로 느낄 수 있는 대부분의 감각을 구별한다. 그러나 눈, 귀, 입, 코, 피부만으로는 사물의 같고 다름에 대한 어느 정도의 구별은 가능하지만 완전한 구별은 불가능하다. 보다 올바른 구별을 하기 위해서는 감각기관과 사람 내면의 요소 가운데 하나인 마음과의 결합이 필요하다. 마음은 사람의 가운데 텅 빈 곳에 위치하여 다섯 가지 감각기관을 다스리는 천군이자 지각 능력이다. 그렇기에 귀는 소리를 듣는 역할을 하고 눈은 모양을 보는 역할을 하지만,

지각 능력인 마음의 도움이 없으면 그 소리와 모양이 어떠한 지를 바르게 구별할 수 없다. 또 반대로 마음은 오관이 제 역할을 하지 않으면 인지할 자료를 얻을 수 없다. 결국 오관과 마음이 결합해야만 사물의 같고 다름을 온전히 구별할 수 있다는 말이다. 이는 특별한 경우를 제외하고는 사람이라면 누구나 가지는 바이기에, 같거나 다른 것을 구별하는 근거가 될 뿐만 아니라 그런 구별에 맞게 사물에 이름을 붙이는 근거가 되기에 충분하다.

순자는 이름을 만드는 기본 원칙은 약속이라고 보았다. 이름에는 애초부터 정해진 적합함이나 그에 상응하는 실질적 내용이 있는 것이 아니다. 사람들 간에 어떤 것을 어찌 부르기로 정한 것이 익숙해지냐 그렇지 않으냐, 지켜지냐 안 지켜지냐에 의해서 적합함과 부적합함이 나뉜다. 그렇기에 좋은 이름은 간단하고 알기 쉬우며 혼동을 일으키지 않기에 노력하지 않아도 익숙해지고 잘 지켜지는 이름이다. 그런데 약속을 어기는 사람이나 경우가 종종 생기기 마련이다. 순자는 모든 사악한 이론과 편벽된 말은 올바른 도리를 벗어나 약속을 어기고 제멋대로 만들어졌다며, 그에 해당하는 세 가지 예를 들었다. "도둑을 죽이는 것은 사람을 죽이는 것이 아니라는 말은 이름의 사용에 미혹되어 이름을 어지럽히는 것"과 "산과 연못은 평평하다는 말은 …… 실상에 미혹되어 이름을 어지럽히는 것", 그리고 "흰 말은 말이 아니라는 말은 이름의 사용에 미혹되어 실상을 어지럽히는 것"(「정명」)이라고 했다. 이는 이름과 실상에 대한 잘못된 이해와 사용이 가져오는 혼란을 말한다. 따라서 사물의 실상을 올바르게 파악한 후 그에 알맞은 좋은 이름을 만들어 사용할 것을 약속함으로써 혼란을 피할 수 있다.

순자의 정명론은 세 가지 특징을 지닌다. 첫째, 사물의 실상에 맞는 이름을 부여하는 것이다. 이름은 사람들끼리 원활한 소통을 하기 위해 꼭 필요하다. 그렇기에 순자는 「정명」이라는 편을 따로 마련해 이름을 만들 것을 강조한 것이다. 둘째, 이름에 걸맞은 실상을 갖추어야 함을 말한다. 순자는 "임금은 임금답고, 신하는 신하다우며, 부모는 부모답고, 자식은 자식다우며, 형은 형답고, 동생은 동생다운 것이 하나다. 농부는 농부답고, 선비는 선비다우며, 공인은 공인답고 상인은 상인다운 것이 하나다"(「왕제」)라고 말하면서 세상을 살아가는 모두가 각자 자신의 직분(이름)에 맞는 역할(실상)을 충실히 할 것을 말했다. 셋째, 실정의 변화에 맞게 이름도 적절히 바꾸는 시의성(時宜性)이다. 시간의 흐름에 따라 변할 수 있는 사물의 실정을 파악해, 적합한 것은 예전의 이름을 따르고 적합하지 않은 것은 새로운 이름을 만들어 함께 쓸 것을 약속하자고 제안했다. 그렇게 되기를 노력한다면 언제나 이름과 실정이 일치되어, 간단하고 알기 쉬우며 혼동을 일으키지 않는 좋은 이름이 만들어진다고 본 것이다.

순자가 이름을 바로잡자고 주장한 까닭은 「비십이자」「해폐」에서도 알 수 있었듯이 명가를 비롯한 궤변론자들을 비판하기 위해서이다. 그러나 그것은 유가와 순자 자신의 사상적 정당성을 확보하기 위한 전략에 불과하다. 정명을 주장한 궁극적 이유는 세상의 혼란을 해결하거나 방지하기 위한 예의 체득과 실천에 있다. 예가 지켜지는 세상을 만들기 위해서는 이름과 실상의 관계에 대한 올바른 설정이 필요했다.

5 예를 체득하기 위한 학문과 수신

순자는 학문의 중요성을 강조했다. 지금껏 수많은 사람이 배움의 중요성을 말했기에 순자의 강조가 그리 특별하게 와닿지 않을 수 있다. 그러나 순자에게는 학문의 중요성을 특별히 강조할 사정이 있다. "학문의 순서는 경전을 외우는 것에서 시작하여 예법을 연구하며 읽는 것에서 끝난다"(「권학」)라는 말에서 알 수 있듯이, 그는 학문을 예법을 인식하고 실천하는 것으로 보기 때문이다.

학문의 목적은 무엇일까? 진리 탐구, 지식 축적, 입신양명, 지적 욕구 충족, 행복 추구, 좋은 직업 갖기, 많은 돈 벌기 등 다양할 수 있다. 다양함 사이에서 순자는 사람 됨됨이를 갖추는 것을 학문의 목적으로 본다. 구체적으로 말하자면, 처음엔 공부에 뜻을 두는 선비가 되는 것에서 출발해 최종적으로 예의 다른 표현인 성인(聖人)이 될 것을 목표로 삼아야 한다고 말했다. 오랫동안 학문을 쌓으면 누구나 군자가 되고, 나아가 성인의 영역에 들어갈 수 있으니 진지하고 순수한 마음으로 학문에 정진하자는 거다. 그런데 학문의 순서는 공부에 뜻을 두는 것부터 성인이 되는 것으로 그 끝이 있지만, 학문에 대한 의지는 잠시라도 버려서는 안 된다. 왜냐하면 "학문에 뜻을 두어야 사람이지, 학문에 대한 뜻을 버리면 짐승과 다르지 않기 때문이다."(「권학」) 그리고 이론상 모든 사람은 노력하면 누구나 성인이 될 수 있지만, 정작 성인의 영역에 들어가는 사람은 드물기 때문이기도 하다. 그렇기에 사람에게 "학문이란 죽음에 이른 후에야 멈출 수 있는 것이다."(「권학」) 이처럼 학문의 목적과 필요에 대한 순자의 생각은 단호하다. 예상했듯이, 단호한 까닭은 순자의 사람 내면에 대한 인식에 있다. 성인이 되는 것, 곧 예를 체득하고 실천할 것을 목표로 삼고 학문에 정진해야만 내면을 선으로 변화시킬 계기를 마련하고 선한 세상을 이룰 수 있다는 희망을 품을 수 있기 때문이다.

그런데 학문의 무한한 가능성을 언급하며 사람들이 공부하기를 막연히 바라는 것은 순진한 발상일 수 있다. 그래서 순자는 사람들에게 동기 부여를 하기에 이른다. 순자는 "내가 천하면서도 귀해지려 하고, 어리석으면서도 지혜롭고자 하며, 가난하면서도 부유해지기를 바란다면 가능한 일이겠는가? 오직 학문을 한다면 가능하다. 학문한 것을 행하면 선비라 불리고, 그것에 간절히 힘쓰면 군자가 되며, 그것에 통달하면 성인이 된다. 높게는 성인이 되고 낮게는 선비와 군자가 되는데, 어느 누가 나를 막을 수 있겠는가"(「유효」)라고 하면서 학문에 대한 두 가지의 동기 부여를 했다. 우선 얼마나 학문에 뜻을 두고 예를 체득해 실천하느냐에 따라 사람 됨됨이가 선비 → 군자 → 성인으로 발전해나갈 수 있다는 동기부여를 한다. 그러나 이는 순자도 여러 번 언급했을 뿐만 아니라, 다른 유가 사상가들도 공통적으로 말하는 것이어서 그리 특별하게 다가오지 않는다. 그리고 설사 그러한 변화가 있더라도 스스로 그 정도를 확인할 방법도 마땅치 않거나 다른 사람과 견주어보기도 쉽지 않다는 한계가 있다. 물론 중요한 동기부여이자 마땅히 그렇게 해야 할 당위도 있지만, 눈앞의 먹고 사는 문제로 지친 하루하

루를 살아가는 사람들에게는 비현실적이고 이상적 동기 부여로 여겨질 수 있는 것이다.

한편, 학문을 통해서 사회적 지위·명예·지성·재물의 변화를 가져올 수 있는 욕구 충족의 동기부여도 한다. 학문에 정진한다면 일상의 조건을 얼마든지 바꿀 수 있다는 현실적 동기부여인 셈이다. 물론 열심히 학문을 한다고 바라는 바가 모두 이루어질 것이라는 현실적 보장은 없다. 그러나 당시에 순자가 그러한 언급을 했다는 점은 놀랍다. 요즘 세상에도 유리천장, 흙수저 논란 등으로 쉽사리 말하기 어려운 논리이기 때문이다. 아마 이는 순자가 사람들에게 좀 더 설득력 있게 다가서기 위해 선택한 장치일 거다. 진정으로 학문을 하다 보면 현실적인 생활환경의 변화 및 향상은 자연스레 따라올 수 있음을 말함과 동시에 언제 어디서나 당당한 삶을 살 수 있음을 말함으로써 학문의 중요성과 필요성을 사람들에게 다시금 불러일으키고자 한 것이다. 학문의 궁극적 목적은 예를 체득하고 실천하는 성인이 되는 데 두어야 함은 변함이 없다.

학문은 도착 시점을 모르며 목적지를 향하는 기나긴 여정이다. 그 길에는 온갖 장애물과 유혹이 도사린다. 너무 험난해 웬만해선 시행착오를 겪지 않을 수 없기에 중도에 지쳐 쓰러지는 경우도 허다하다. 이런 상황이 순자는 안타까웠나 보다. 그래서 학문에 뜻을 둔 사람들을 조금이나마 돕기 위해 자신이 아는 편안한 지름길을 알려준다. 먼저 "학문함에 있어 본받을 만한 사람을 가까이하는 것보다 편안한 길은 없다", "학문의 지름길은 본받을 만한 사람을 좋아하는 것이다"(「권학」)라고 했다. 여기서 본받을 만한 사람은 훌륭한 스승을 가리킨다. 학문은 예법을 인식하고 실천하는 것인데, 스승은 나보다 먼저 학문에 뜻을 두고 "자신을 올바른 예법의 본보기로 내세우는 사람이다."(「수신」) 그렇기에 훌륭한 스승은 배우는 사람이 예를 바르게 지키는 근거가 된다. 이렇듯 훌륭한 스승의 존재는 학문에 뜻을 둔 사람에게 긍정적 영향을 미친다. 그런데 문제는 어떤 사람이 훌륭한 스승인지를 판단하기가 쉽지 않다는 점이다. 그나마 다행인 것은 친절하게도 순자가 훌륭한 스승의 네 가지 조건을 말했다는 거다. 첫째, 몸가짐과 됨됨이가 존엄하여 남들이 존경하고 둘째, 오랫동안 학문에 정진해 신의가 있으며 셋째, 경전을 외고 설명하면서 그 배운 바를 어기지 않고 넷째, 세세한 이치를 알면서도 예의 핵심 정신을 파악하고 있다면 훌륭한 스승이라고 했다. 이른바 박학다식함은 훌륭한 스승의 존건에 포함되지 않는다. 잡되게 많이 배우고 아는 것보다 학문의 핵심인 예를 체득하고 실천하는 것을 최고 기준으로 삼았기 때문이다. 그렇기에 "현명한 스승에게서 배우면 항상 듣고 보는 것이 성인의 도가 된다."(「성악」) 학문의 목적을 이루고자 하는 사람에게 이보다 편안한 지름길이 있을까?

순자는 목적지로 향하는 길 주변을 가꿀 것도 당부한다. 훌륭하고 현명한 스승을 섬기는 지름길을 걷더라도 주위가 산만하고 척박해 자신의 발목을 잡으면 더 이상 길을 갈 수 없기 때문이다. 순자는 "좋은 친구를 구해서 그를 벗하면, 그가 보는 것은 충실하고 신의가 있으며 공경스럽고 사양하는 행동이다"(「성악」), "군자는 반드시 마을을 가려 살고 반드시 선비들과 어울리는데, 이것은 악해지고 비뚤어짐을 막고 올바름으로 가까이 가고자 하는 까닭이다"(「권학」)라고 말했다. 먼저 좋은 친구를 사귈 것을 말했음을 알 수 있다. 좋은 친구는 동학(同學)이다. 여기서 동학은 단지 같이 공부하는 사람을 일컫는 게 아닌, 같은 뜻을 품고 학문하는 사람으로 봐야 한다. 서로 깨우쳐주고 북돋아주며 선의의 경쟁을 할 수 있는 동학이 있으면 자못 외로울 수 있는 학문의 길이 풍성해진다. 반드시 선비들과 어울려야 한다는 말도 마찬가지다. 근묵자흑(近墨者黑)이라는 말처럼, 학문의 목적이 다르거나 학문에 뜻이 없는 사람들과 가까이 하다 보면 자칫 자신도 모르게 지름길이 아닌 샛길로 빠질 수 있다. 그리고 알맞은 학습 분위기를 찾을 것도 말했다. 이는 어디에 살고 어떤 곳에서 공부하느냐에 따라 영향을 받을 수 있다는 말이다. 자신의 의지가 아무리 강하더라도 방해요소가 곳곳에 있다면 학문의 길을 가는 데 있어 걸림돌이 될 것은 뻔하다.

훌륭하고 현명한 스승에게서 배울 것과 같은 뜻을 품은 동학을 사귈 것, 알맞은 학습 분위기를 찾을 것을 종합해보면, 결국 학문을 하는 데 도움이 되는 환경을 조성할 것을 강조한 셈이다. 조성(造成), 곧 만들어서 이룬다는 의미에서 알 수 있듯이, 그러한 환경은 그냥 주어지는 것이 아니다. 어떤 스승을 모시고 친구를 사귀며 분위기를 찾느냐는 자신의 판단·선택·노력에 달렸다. 그리고 그에 따른 책임도 자신이 지는 것이다. 결국, 학문은 스스로 하는 것이기에 그 목적 달성의 성패도 자신에게서 말미암는다. 이와 관련해 순자는 "영예나 욕됨이 오는 것은 반드시 그의 덕에서 비롯되고", "(그릇된) 말과 행동은 재앙과 치욕을 불러올 수 있으므로 군자는 자신이 서있는 입장에 신중해야 한다"(「권학」)라고 말했다. '자신이 서 있는 입장'은 학문에 뜻을 둔 것을 의미한다. 순자는 학문에 뜻을 둔 사람은 학문의 목적 달성을 위해 주위 환경뿐만 아니라 스스로에 대한 관심도 가져야 함을 말한 것이다.

순자는 "선함을 보면 마음을 가다듬고 반드시 자신을 살펴보고, 불선함을 보면 걱정스러운 마음으로 반드시 자신을 반성해야 한다. 선함이 자신에게 있으면 꿋꿋이 반드시 스스로 좋아하며, 선하지 못함이 자신에게 있으면 때가 묻은 듯이 반드시 스스로 싫어해야 한다"(「수신」)라고 하면서 이른바 수신(修身)을 강조했다. 수신은 본래 행동과 마음, 곧 개인의 겉으로 드러난 행위와 내면을 아울러 바로 닦는 것을 말한다. 그러나 여기서는 성찰과 반성을 말했기에, 스스로 관심을 가지고 자기 내면을 단속하는 것에 방점을 두고 있다.

또 "예전에 배움에 뜻을 둔 사람들은 자기 자신을 위한 학문을 하였고, 지금 배움에 뜻을 두는 사람들은 남에게 보이기 위한 학문을 한다. 군자는 학문을 자기 몸과 마음을 유익하게 하는 것으로 여기고, 소인은 학문을 선물처럼 남에게 내놓아 칭찬받기 위함으로 여긴다. 그러므로 묻지도 않았는데 말하는 것을 조급함이라 하고, 하나를 물었는데 둘을 말하는 것을 번잡함이라 한다. 조급함도 그르고 번잡함도 그른 것이니, 군자는 메아리가 울리는 것과 같다"(「권학」)라고 말했다. 수신의 효용은 스스로에게 당당해지는 것이다. 그로 인해 자신의 몸과 마음을 이롭게 하는 학문이 완성되면, 배우고 익힌 것들이 내면에서 우러나와 온몸으로 퍼져 겉으로 드러난다. 이런 사람은 조용히 말하고 작게 움직여도 하나같이 예법에 들어맞는다. 진심으로 배우고 익힌 것을 실천으로 옮겼기에 그렇다. 반면, 남에게 보이기 위한 학문을 하는 소인과 같은 사람은 수신이 제대로 안 되었기에 스스로에게 당당하지 못하다. 그러기에 다른 사람이 자신의 부족함을 알아챌까 봐 조급한 마음에 먼저 말을 꺼내고 그럴싸하게 행위를 꾸미는 것이다. 순자는 "소인의 학문은 귀로 들어와 입으로 나온다. 입과 귀 사이는 네 치밖에 안 될 따름인데, 어찌 일곱 자나 되는 몸을 아름답게 할 수 있겠는가"(「권학」)라고 반문했다. '귀로 들어와 입으로 나온다'는 표현은 배우고 익힌 것을 말로만 하고 행동으로 옮기지 않음을 뜻한다. 곧 실천이 없는 학문을 말한 것이다.

실천이 없는 학문은 알맹이 없는 열매와 같다. 학문의 필요성을 주장하는 동서고금의 사상가들 모두가 실천을 중요하게 생각한다. 순자도 "듣지 못한 것보다는 듣는 것이 좋고, 듣는 것보다는 그것을 보는 것이 좋으며, 보는 것보다는 그것을 아는 것이 좋고, 아는 것보다는 그것을 실천하는 것이 좋다. 학문은 배운 바를 실천함에 이르러서야 끝이 난다"(「유효」)라고 힘주어 말했다. 결국 순자에게 있어 학문은 배움에 뜻을 두는 것에서부터 시작해 적절한 환경에서 뜻을 함께하는 친구들과 훌륭하고 현명한 스승의 가르침 아래서 배우고 익힌 예법을 죽을 때까지 가다듬고 실천하는 것이다. 그리고 그러한 학문의 과정을 밟는 사람이 늘어날수록 세상은 혼란에서 멀어진다.

6 예를 실천하기 위한 마음의 공부

앞서 세상의 혼란 해결에 있어 학문과 수신의 중요성을 살펴보았다. 그런데 자연스럽게 드는 의문이 있다. 예법을 배움에 뜻을 두는 건 어떻게 가능한 것일까? 배움이나 지식 충족 욕구를 기대해야 할까? 우리가 아는 순자 사상에서는 자연스레 그러한 욕구가 생기길 바라는 것은 허황된다. 그렇다고 학문을 열심히 하면 군자나 성인이 될 수 있으며 바라는 바가 충족될 것이라는 식의 동기부여를 하는 것도 실질적으로 그렇게 된다는 보장이 없다는 한계가 있다. 또한, 배우는 이의 의사와 상관없이 예법의 내용을 일방적으로 강요한다면 효율적이지도 못하며 세뇌 교육이라는 비판과 더불어 자칫 반발을 불러올 수 있다.

순자는 사람의 내면에 있는 마음의 지각 능력에 희망을 걸었다. 어떤 상황에서 본성의 실질적 내용인 감정이 나타나면, 마음이 그것의 실현 가능 여부를 판단하는 '생각'이라는 것을 하게 된다. 또 마음은 만물을 다 같이 늘어놓고 옳고 그름을 재고 헤아리는 저울의 역할을 한다. 그 결과 옳다고 여기면 받아들이고 그르다고 여기면 받아들이지 않는다. 예를 들어 훌륭하고 현명한 스승이 예를 실천하면서 모범을 보이면 제자의 마음은 분명히 그것이 옳다고 여길 것이고, 지도자가 예로써 나라를 원만하게 이끌어나간다면 민중은 삶에 만족하며 좋다고 생각할 것이라고 본 거다. 그래서 순자는 "사람은 보통 (마음속으로) 괜찮다고 여기는 것을 따르지 않고, 나쁘다고 여기는 것을 따르는 경우는 없다. 도(道)에 비견될 만한 것이 없다는 걸 알면서도 도를 따르지 않는 사람은 있을 수가 없다"(「정명」)라고 말했다. 순자에게는 사람들이 도, 곧 예가 세상을 유지하기 위한 최고 가치라는 것을 마음으로 인식한다면, 모두 예를 옳다고 여겨 체득하고 실천할 것이라는 믿음이 있었다.

그러나 마음은 도덕적 가치 판단만 하지 않는다. 마음은 이해타산도 한다. 심지어 이해타산의 마음이 욕구와 결합했을 때는 지능적 욕구로 변질 발전될 우려도 있다. 사람의 마음은 순자의 의도와는 다르게 작동할 수 있다는 거다. 순자도 이 같은 마음의 문제점을 알았다. 그래서 마음을 순수하게 지키고 기를 수 있는 마음의 공부를 할 것을 주장했다. 마음의 구체적인 작용인 기억·저장, 분별·비교분석, 의지 활동이 제대로 발휘되기 위해서는 마음을 비우고 일관되게 하고 고요하게 하는 노력을 해야 한다는 것이다. 비움의 상태가 되면 도(道)에 들어가게 되고, 일관되면 도를 다하게 되고, 고요함을 이루게 되면 도를 살펴 이해하게 되어 결국 마음이 크고 맑고 밝은 대청명(大淸

明)의 경지에 이른다.

순자는 기운[기(氣)]을 다스리고 마음을 기르는 방법, 곧 치기양심지술(治氣養心之術)이라는 수양법도 말했다. 대략적 내용은 "혈기가 굳세고 강하면 조화로서 부드럽게 해준다", "생각이 너무 깊으면 쉽고 편안함으로 단순하게 해준다"(「수신」)와 같이 기운과 마음이 어느 한쪽으로 지나치게 치우치면 그 반대의 경우를 생각하고 그렇게 처신하라는 것이다. 이는 "뭇사람들의 걱정은 한쪽으로 치우치면서 실패하는 것이다"(「불구」)라는 말에서도 확인된다. 그러면서 순자는 "기운을 다스리고 마음을 기르는 방법은 예를 따르는 것보다 더 빠른 길이 없고, 훌륭하고 현명한 스승을 얻는 것보다 더 중요한 것은 없으며, 좋아하는 것을 한결같이 하는 것보다 더 신명나는 것은 없다"(「수신」)라고 말했다. 이는 순자가 학문을 이야기할 때 예법을 배움에 뜻을 두는 것에서부터 시작할 것과 훌륭하고 현명한 스승에게서 가르침을 받을 것, 죽을 때까지 한결같이 자신을 가다듬고 예를 실천할 것을 말한 부분과 매우 유사하다. 이로써 순자에게 있어서는 수신을 포함한 학문, 마음의 공부 등은 모두 예를 기점으로 긴밀하게 연관되어 있음을 알 수 있다.

정치를 돌아보다

　순자는 세상의 혼란을 해결하고 사람들이 살아가는 환경을 개선하고 발전시키는 방법으로 정치적 조치도 언급한다. 세상에는 여러 사람이 모여 있기에 수많은 욕구와 다른 생각이 공존할 수밖에 없다. 공존하면서 조화롭다면 별문제가 없지만, 함께 있지만 조화롭지 못하면 서로 다투게 되어 세상의 혼란으로 이어질 수 있다. 그렇기에 순자는 "세상 사람 모두가 조화로운 하나가 되기를 원한다면 정치를 돌이켜 살펴보는 일보다 더 좋은 것은 없다"(「군도」)라고 하면서 정치의 중요성을 강조했다. 정치는 지금의 우리에게도 중요하고도 밀접한 사항이기에 정치에 관한 순자의 이야기에 귀 기울여볼 필요가 있다.

순자 정치관의 중심에는 당연히 예(禮)가 자리한다. 예는 정치의 시작이며, 공동체를 잘 다스리는 규범이다. 올바른 도리인 예를 따르면 정치가 잘 되지만, 그렇지 않으면 정치가 올바르지 않아 세상이 멸망에 이른다. 그리고 예의 실질적 기능은 분별이다. 이때의 분별은 단순히 사람들마다의 차이를 두기 위함이 아니고, 세상 사람들이 맡은 역할을 분명히 나눠 충실히 이행하게 함으로써 정치가 잘 행해지고 세상의 안녕을 오랫동안 유지하기 위한 것이다.

예나 지금이나 세상 사람 모두는 정치 활동의 주체다. 순자의 표현대로 직분이 나누어져 있을 뿐이다. 역할 분담을 칼로 무 자르듯이 나눌 수는 없지만, 여기서는 편의상 크게 '위'와 '아래'로 나누어보고자 한다. '위'는 사회 지도자나 지도층을, '아래'는 지도자와 지도층이 아닌 나머지 사회 구성원을 말한다. 이러한 구분은 분명 신분이나 지위의 높고 낮음을 의미하는 말이기도 하기에 오해를 불러올 소지가 있다. 그럼에도 '위'와 '아래'라고 설정한 것은 정치·사회적 역할의 다름과 함께 생각과 행위가 사회에 미치는 영향력의 차이가 크고 작음을 염두에 두었기 때문이다. 그런데 동물도 무리를 이루고 산다. 그리고 그들에게도 어느 정도의 위와 아래가 존재한다. 그러나 그들의 위는 대부분 단지 물리적 힘이 월등할 뿐이다. 그렇다면 사람의 경우는 어떠할까? 또 어떠해야 할까?

1 순자의 정치관: 위가 제대로 서야 한다

『순자』에는 "왕은 나라의 최고 지위이다"(「치사」), "천자(天子)는 위세와 지위가 지극히 높아 세상에 대항할 사람이 없다"(「정론」)라는 식으로 정치적으로 위에 해당하는 사람들을 높이거나 칭송하며 따를 것을 강조한 부분이 많다. 시대적 상황을 고려하면 어느 정도 수긍이 되는 부분도 있다. 그렇지만, 후대의 평가는 그리 호의적이지 않다. 개인의 자유를 중시하지 않는 최고 권력자 중심의 권위주의를 강조했고, 사람들 간의 엄격한 구분을 통치 질서로 하는 전제국가의 사상적 기반을 마련해서 결과적으로 다양한 사상과 문화의 출현과 발전을 더디게 한 실패한 유학자라는 거다. 그러나 순자는 위의 사회적 지위 자체를 높이고 위에 해당하는 사람들을 무조건 따를 것을 말하진 않았다. 위에 걸맞은 자질과 인품을 갖춘 사람을 높였고 또 그러한 사람이 위의 자리에 있어야 함을 말했다.

순자가 겉으로 드러나는 행위를 단속하여 내면을 교화하

기 위해 외재적 질서인 예와 법을 주장했고, 그것을 법가 사상가인 이사와 한비자가 영향을 받은 것은 사실이다. 그러나 순자가 "좋은 법이 있어도 혼란한 적은 있지만, 좋은 지도자가 있으면서도 혼란하다는 말은 예부터 지금까지 들어본 일이 없다"(「왕제」)라고 한 말을 보면, 그는 분명 법보다는 예를 우선했고 나아가 예를 통해 내면의 긍정적 변화를 일으킨 위의 중요성을 강조했음을 알 수 있다. 물론 결과적으로 순자의 생각은 제대로 이어지지도, 이루어지지도 않았기에 실패한 유학자라고 할 수도 있다. 그러나 실패는 무언가를 도모하는 사람만이 누릴 수 있는 특권이다. 도모하지 않고 도전하지 않는 사람에게는 성공도 없고 실패도 없다. 순자는 분명 세상과 사람들의 평안을 위해 여러 방면으로 도모한 동시에 그것을 실현하기 위해 노력한 사람이다.

근대 이전의 사상가들이 많이들 그랬듯이 순자도 지도층, 곧 위의 입장에서 자신의 주장을 주로 펼쳤던 사람이다. 그 바탕에는 민중을 근본으로 삼는다거나 백성을 사랑하는 것과 같은 사상이 깔려 있기는 하지만, 아래는 여전히 정치적 객체일 뿐이고 대부분 위가 주체라는 한계를 드러낸다. 그런데 그것은 아래의 역할을 간과했다기보다는 위의 역할과 그에 따른 영향력을 더 중요하게 바라봤다고 볼 수 있는 부분이다. 소수인 위의 생각과 판단, 행동이 다수인 아래의 삶을 좌지우지할 수 있기 때문이다. 순자는 유학을 공부하는 선비들이 위의 자리에 있으면 어떻게 되겠느냐는 진나라 소왕(昭王, 기원전 325~251)의 질문에 "그들이 위에 있으면 세상에 더 크고 넓은 영향력을 미칠 것이다"(「유효」)라고 말한 적 있다. 공자의 뜻을 받들고 의로움과 예를 실천하여 성인이 되고자 하는 목표를 가진 올바른 선비가 지도자나 지도층이 되면 세상이 조화롭고 평안해질 것이라는 의미다. 이는 사회적 지위와 사람의 자질이 참으로 잘 맞아떨어지는 경우다. 그러나 반대의 경우도 가능한 것이 문제다. 인품이나 능력이 떨어지는 소인과 같은 사람이 사회적으로 크고 넓은 영향력을 지닌 위의 자리에 있으면, 그 폐해는 아래의 많은 사람이 떠안을 것이고 민심은 어수선해질 것이며 세상은 혼란해질 것이 뻔하다. 그렇기에 위가 어떠한 마음가짐으로 어떠한 정치를 펼치는가는 모두에게 중요한 사안이다.

아래를 사랑해야

위의 자리에 있는 사람은 어떠한 마음가짐으로 정치를 행해야 할까? 순자는 "임금이란 무엇인가? 나라를 잘 이끄는 사람이다. 그렇다면 나라를 잘 이끄는 것은 무엇인가? 백성들이 잘살도록 기르는 것이며, 백성들에게 직분을 나누어 주며 잘 다스리는 것이고, 인재를 잘 등용하는 것이며, 사람들을 제대로 대우해주는 것이다"(「군도」)라고 말했다. 위가 해야 할 일을 추려서 말한 것인데, 핵심은 민생(民生)을 돌보는 것에 있다. "임금이 강하고 견고해지며 편안하고 즐거워지기를 바란다면, 백성을 돌이켜 보는 일보다 더 좋은 것은 없다"(「군도」)라는 말에서도 확인 가능하다. 위는 반드시 아래를 먼저 생각하는 정치를 해야 한다. 그 시작은 기본적인 의식주의 해결 및 충족이다. 기본적 욕구와 직결된 최소한의 입고 먹고 사는 문제가 해결되지 않으면, 사람들의 내면이 악으로 흐르는 것을 막거나 선으로 변화시킬 수 있는 바탕이 마련되지 않는다. 위는 아래가 부족함 없이 음식을 먹고 계절에 맞는 옷을 입으며 편안하게 쉴 수 있는 바탕을 마련해야만, 자신의 입지도 튼튼해지고 정치 행위의 정당성도 얻게 되어 스스로 마음 편히 즐길 수 있다. 이를 현대식으로 이야기하면 사람들이 만족할만한 경제·복지 정책을 마련하고 실행해야 한다는 말이다. 물론 모두가 만족하는 정책이란 있을 수 없다. 그러나 정치와 정책의 목표는 마땅히 모두가 만족함에 둬야 한다. 그렇지 않으면 위가 아니고 위가 될 자격도 없다.

"임금이 백성을 사랑하지 못하고 백성을 이롭게 하지 못하면서도, 백성이 자기를 친하게 여기고 사랑하기를 바라는 일은 있을 수 없다"(「군도」)라는 순자의 말은 위가 어떤 마음가짐으로 정치를 행하느냐에 따라 아래의 반응이 달라질 수 있음을 알려준다. 그리고 그것은 위의 자리에 있는 사람의 안위뿐만 아니라 모두의 안위와 직결된다. 예나 지금이나 아래를 사랑하는 것은 위가 간직하고 지켜야 할 최고의 덕목이다.

공정한 인재 등용

순자는 "크게는 천하, 작게는 한 나라를 다스리는 것이 반드시 스스로 일을 다 처리하고 난 후에야 가능하다면 대단히 수고로워서 초췌함이 막심할 것이다. 이와 같다면 비록 하인이나 하녀라도 천자와 세력과 지위를 바꾸려 하지 않을 것이다. 그러므로 세상을 잘 다스리고 모든 이를 하나로 하는 일을 어찌 반드시 혼자서 해야만 하겠는가?"(「왕패」)라고 하면서 정치는 누구 혼자서 할 수 있는 것이 아님을 말했다. 심지어 집안일의 경우에도 큰일이 있을 때는 할 일을 나누어서 함께 해나가는데, 살펴야 할 범위가 넓고 처리해야 할 크고 작은 일이 많은 정치 영역은 더욱 그럴 것이다. 그렇다면 함께 정치를 함에 있어 위의 역할은 무엇일까?

"왕은 사람들을 관직에 임명하는 것을 본분으로 삼는 사람이다."(「왕패」) 왕정시대의 왕이나 지금의 대통령 곁에는 많은 신하와 보좌진이 있는데, 그들의 임면권은 왕이나 대통령이 가진다. 곧 정치를 함께함에 있어 위의 역할은 적절한 인재를 선발하여 적당한 자리에 배치하는 것이다. 그렇다면 어떤 사람을 선발해야 할까? 순자는 "덕을 다져 인재를 고르고 능력 있는 사람을 선발해 그들에게 관직을 베푸는 것이 성왕의 도이며, 유가에서 삼가 지키는 일이다"(「왕패」)라고 하면서 덕과 능력을 선발 기준으로 내세웠다. 그런데 "덕이 있고 없음을 검토하여 서열을 결정하고, 능력을 헤아려 벼슬을 주어 모든 사람들로 하여금 맡은 일을 수행하며 각자가 합당한 자리를 차지하게 한다"(「신도」)라는 표현을 보면, 능력보다는 덕을 더 중요한 선발 기준으로 삼았다는 사실을 알 수 있다. 덕이 있고 없음에 따라 높은 자리와 낮은 자리가 정해지고, 그런 다음에 능력에 맞는 분야로 배치되는 것이다. 또 "한 사람의 재상을 검토하고 골라서 모든 일을 아울러 통솔케 한다"(「왕패」)라고 하면서, 가장 덕이 높은 사람을 지금의 총리와 같은 책임자의 자리에 앉힌 다음 세세한 일들을 총괄하게 할 것을 말했다. 옛날 재상과 지금의 총리는 최고 지도자를 대신하는 중요한 직책이다. "재상은 지혜가 있어도 어질지 않으면 안 되고, 어질더라도 지혜가 없으면 안 된다. 지혜롭고도 어질어야 왕의 보배가 되거나 왕을 보좌하는 사람이 된다. 재상이 될 만한 사람을 얻기 위해 서두르지 않으면 지혜롭지 못한 왕이고, 재상을 얻고도 잘 쓰지 못하면 어질지 못한 왕이다. 재상이 될 인물이 없는데도 공적이 이루어지기를 바라는 것은 어리석음이 그보다 더할 수가 없다."(『신도』) 최고의 인성과 지성을 겸비한 사람을 핵심 요직에 배치하느냐 마느냐에 따라 위의 성공과 실패가 달려 있다. "명철한 왕은 다른 사람들과 함께 일하기를 좋아하고, 어리석은 왕은 홀로 일하기를 좋아한다."(『신도』)

그렇다면 덕과 능력의 유무를 어떻게 판단할 수 있을까? 순자는 "쓸 사람을 예의로써 평가하여 그가 예의 바름을 편안히 여길 수 있는지를 살펴보고, 함께 일과 행동을 해보아 그가 급변하는 상황에 대처할 수 있는지를 살펴보며, 함께 놀고 잔치를 벌이면서 그가 과도한 즐김에 빠지지 않는가를 살펴보고, 음악과 여색, 권력과 이익, 분노와 노여움, 환난과 위험 등을 체험하게 하여 그가 지켜야 할 바를 떠나지 않는가를 살펴보는 것이다. 이렇게 하면 그들이 진실로 그러한 것들을 지니고 있는지 지니고 있지 않은지를 흰 것과 검은 것을 구별하듯 확연히 알 수 있으니, 어찌 잘못 판단할 수가 있겠는가"(『신도』)라고 하면서 구체적이면서도 사실적인 방법을 제시했다. 평가하고 판단하는 데 가장 중요한 잣대는 당연히 예다. 예를 바탕으로 오랜 시간을 두고 여러 각도로 자세히 지켜보면서 그 사람의 자질과 능력을 검증해야 한다는 말이다. 그런데 같이 잔치를 벌인다거나 특정 상황을 설정해 그 사람을 시험한다는 것은 다소 무리가 있어 보인다. 유가의 적통이라고 자부하는 순자가 한 말이라고 믿기 힘들 정도다. 연출된 상황을 만들어 사람을 시험하는 것은 절대 올바른 방법이 아니다. 당시는 요즘과 같은 인권에 대한 인식이 부족했다는 점과 어떤 사람의 진짜 모습을 보기 위한 가장 손쉬운 방법이라는 점을 고려하더라도 아쉬움이 남는다.

그런데 현실에서는 어질고 현명한 사람을 등용한다고 말은 하지만 실제로는 그러지 않는 문제가 곧잘 발생한다. 순자도 "왕의 문제는 현명한 사람을 등용하겠다고 말하지 않는 것이 아니라, 진정으로 현명한 이를 등용하지 않는 데 있다. 현명한 사람을 선발하겠다고 하는 것은 입뿐이고, 오히려 현명한 이를 물리치는 행동을 한다. 입과 행동이 서로 반대이면서 현명한 사람이 찾아오고, 어리석고 못난 자들이 물러가기를 바라는 것은 매우 어려운 일이 아니겠는가"(「치사」)라고 하면서 어질고 현명한 사람을 뽑아 쓰지 못하는 위를 비판했다. 그렇다면 왜 어질고 현명한 사람을 제대로 등용하지 못할까? 그 까닭은 "명철한 왕은 어질고 현명한 사람을 숭상하고 능력 있는 사람을 써서 그들이 이룩하는 공로를 누린다. 반면, 어리석은 왕은 현명한 사람을 질투하고 능력 있는 사람을 두려워하여 그들이 공로를 이룩하지 못하게 하며, 충성스러운 사람에게는 벌을 주고 도둑 같은 사람에게는 상을 준다"(「신도」)라는 말에서 알 수 있다. 위가 사람을 보는 눈이 없기에 그런 거다. 어질고 현명한 이를 선별하기 위해서는 위 스스로가 그들을 알아볼 수 있는 안목과 식견을 가져야 한다. 나아가 자신이 먼저 어질고 현명해야 비로소 어질고 현명한 사람을 선별할 수 있고 관장할 수 있다. 결국, 공정한 인재 등용에서 가장 중요한 요소는 위의 자질이다.

순자는 이른바 인사개혁을 통해 정치세력의 안정화를 꾀할 것을 주장하기도 했다. 혈연·지연·학연 같은 사사로운 친분이나 출신성분에 따른 인사 정책에서 벗어나 덕성과 능력 위주로 인재를 등용할 것을 말했다. 그 시작은 위의 솔선수범이다. 끊임없이 공부하고 자신을 반성하며 성찰하여 스스로 어질고 현명한 지도자가 되면, 자연스럽게 어질고 현명한 인재를 식별할 수 있는 안목을 지닐 수 있다. 그런 다음 명철한 안목으로 능력과 자질을 공정하게 평가하는 과정을 거쳐 인재를 선발하면 된다. 요즘 식으로 말하자면 아래로부터의 복수 추천, 인사위의 철저한 검증을 거쳐 최고 위가 최종 낙점하는 상향식 인사방식을 취하고, 추천과 검증을 분리해 이중삼중으로 인사 대상자를 점검하고 면접·평판 조사도 꼼꼼하게 하는 것이다.

공명정대한 정치 실현

위는 아래를 사랑하는 마음가짐으로 믿고 일을 맡길 수 있는 인재를 가려 뽑아 그들과 함께 정치를 해야 한다. 그렇다면 어떻게 정치를 펼쳐야 할까? 순자는 "세상의 말하기 좋아하는 사람들은 위의 정치 방법은 (아래가 알지 못하도록) 비밀스럽게 하는 것이 좋다고 하지만, 이는 잘못된 것이다. 위는 아래의 창도자(唱導者)이며 본보기이다. 아래는 위가 앞장서서 외치는 것을 듣고 반응하며, 먼저 행하는 것을 보고 움직인다. 앞장서서 외치는 것을 알 수 없으면 아래는 반응이 없고, 본보기가 먼저 행하는 것이 드러나지 않으면 아래는 움직임이 없을 것이다. 반응이 없고 움직임도 없다면 위와 아래는 서로 의지할 것이 없게 된다. 만약 이와 같으면 위가 없는 것과 마찬가지이니, 불행이 이보다 더 클 수가 없다. 그러므로 위는 아래의 근본이다"(「정론」)라고 말했다. 또 "위가 주도면밀하게 감추면 아래는 그 어두움을 의심할 것이고, 위가 하는 일을 숨기어 예측하기 힘들면 아래도 속이고 거짓말할 것이며, 위가 한편으로 치우쳐 바르지 못하면 아래는 편을 갈라 사리사욕을 꾀하게 될 것이다. 아래가 어두움을 의심하면 모두가 한마음이 되기 어렵고, 아래가 속이고 거짓말하면 제 직분을 지키기 어려우며, 아래가 편을 갈라 사리사욕을 꾀하면 그들의 마음을 알기 어렵다. …… 이것이 혼란이 생겨나는 까닭이다"(「정론」)라고도 말했다.

위는 공명정대한 정치를 펼쳐야 한다. 아래가 알지 못하도록 정책 의도를 감추거나 정책 과정을 숨기면 안 된다. 가령 진정 좋은 의도를 가지고 어떤 정책을 만들어 실행했더라도, 취지와 과정을 밝게 드러내지 않으면 사람들은 그 공정성과 적절성을 의심하게 된다. 의심의 내용은 그것이 진정 모두를 위한 것이고 모두를 이롭게 하는 것이냐이다. 이렇게 시작된 의심이 서서히 위가 아래를 헤아리지 않고 자신만을 위하고 자기 이득만 챙긴다는 확신으로 바뀌면 아래는 위를 불신하게 된다. 그리고 아래의 위에 대한 불신은 자연스럽게 아래가 서로를 의심하고 불신하는 상황으로 확장된다. 결국 구성원 모두가 서로 의심하고 불신하게 되는 것이다. 자신의 욕구만을 충족하고 추구하기 위해 속이거나 편을 가르는 세상은 혼란해질 수밖에 없다.

공명정대한 정치 실현은 아직 완성되지 않았다. 여전히 공정한 검증을 거치지 않았거나 누군가의 추천으로 암암리에 선발된 특정 소수가 정책 수립과 집행 과정을 독점하며 사람들에게 그저 수동적으로 따를 것을 강요한다. 정상적인 절차를 통해 선발된 경우라도 별반 다르지 않다. 그러다 아래가 의심하면 위는 그럴싸한 말로 포장하고 둘러대면서 더더욱 사실과 진실을 숨긴다. 감추고 숨긴다는 것은 떳떳하지 못하다는 것이다. 스스로 떳떳하다면 숨길 필요 없이 당당하게 밝히면 된다. 위의 정치 방법은 분명하게 드러내는 것이 이롭고 어둡게 숨기는 것은 이롭지 않으며, 공개적으로 밝히는 것이 이롭고 비밀스럽게 하는 것은 이롭지 않다. 그러므로 위의 정치 방법이 밝으면 아래가 안정되고, 위의 정치 방법이 어두우면 아래가 위태로워진다. 위는 아래의 근본이며 주요 정책을 수립하고 집행하는 권한과 역할을 부여받았기에 그들의 행위가 세상에 미치는 영향력은 크고 넓을 수밖에 없다. 그렇기에 위가 공명정대한 정치를 펼쳐 아래의 올바른 근본이 되면 세상이 안정되고 모두가 이롭다. 반면, 위가 이른바 깜깜이 정치를 행하며 썩은 뿌리가 되면 세상은 혼란해지고 모두가 해를 입는다. 사람들이 알지 못하도록 정책 의도를 감추고 정책 과정을 숨기는 공명정대하지 못한 정치는 법가의 방법이다. 법가는 일반적으로 말하는 꼼꼼함과는 결이 다른 주도면밀한 정치로 사람들의 일거수일투족을 법 제도로 빈틈없이 통제하며 자신들의 의도대로 세상이 돌아가도록 설계했다. 그렇게 세워진 나라가 중국 최초의 통일 제국인 진나라였다. 잠깐의 질서는 잡혔을지 몰라도 개인의 자유를 억압하고 다른 생각을 인정하지 않는 체제는 그리 오래가지 못한다. 여기저기서 사람들의 불만이 폭발했고, 진나라는 15여 년 만에 망하고 말았다.

공명정대한 정치는 소통을 통해 완성된다. 그러기 위해선 위가 먼저 나서서 다수인 아래와 끊임없이 소통해야 한다. 위는 상대적으로 소수이지만 정치 정보를 소유할 뿐만 아니라 세상에 미치는 영향력이 크고 넓기 때문이다. 소통이 원활하게 되면 위는 아래의 마음을 헤아려 아래가 원하는 정치를 펼칠 수 있고, 아래는 위가 구상하고 펼치는 정치를 이해하며 정치에 참여할 수 있다. "위의 정치 방법으로 아래의 마음을 알기 어려움보다 더 나쁜 것이 없으며, 아래가 자기를 두려워하게 만듦보다 더 위태로운 것은 없다"(「정론」)라는 순자의 말은 공명정대한 정치를 위한 소통의 중요성을 일깨워주기에 충분하다.

2 순자의 정치관을 넘어: 아래도 제대로 서야 한다

순자는 세상의 안녕 여부는 정치에 달려 있음을 누구보다 잘 알았다. 그러나 순자가 말한 정치의 주체는 대부분 왕을 비롯한 재상 등의 위정자, 곧 위에 해당하는 사람들이다. 물론 일반 백성인 아래를 거론하기도 했지만, 언급된 빈도가 현저히 낮을 뿐만 아니라 위에 비해 정치적 역할과 영향력이 매우 협소하다.

순자 정치관에 대한 평가는 상당히 대조적이다. 우선 순자는 위와 아래라는 구도를 전제할 뿐만 아니라, 그 구도를 견고하고 튼튼하게 만들려고 했기에, 순자 정치관은 전체주의나 권위주의에 가깝다는 비판을 받는다. 반면, 당시 시대상을 고려함과 동시에 하늘과 사람의 역할이 다르듯 위와 아래는 유기적으로 각자의 직분에 충실할 것을 말함으로써 조화로운 세상을 만드는 실마리를 제공한다고 보는 견해도 있다.

순자 사상은 전쟁이 일상인 현실에서 벗어나는 방법은 전쟁을 끝내는 것이고, 전쟁을 끝내는 방법은 하나의 공동체를 이루는 것이라는 생각에서 비롯되었다. 그리고 왕정이라는 조건에서 원만한 공동체를 만들기 위해서는 왕을 비롯한 지도층인 위에게 상대적으로 더 많은 도덕적·정치적·사회적·경제

적·문화적 지위와 역할, 그리고 책임을 부여한 것이다. 그러나 지금은 순자가 살았던 시대와 여러 면에서 다르기에 순자 사상을 그대로 적용할 수가 없다. 순자 사상의 목적과 의의는 유지한 채 오늘날 현실에 맞는 적용 방법은 없을까?

순자 사상은 사람 중심의 사상이다. 사람이 어떻게 하느냐에 따라 자신과 자신을 둘러싼 환경을 얼마든지 바꿀 수 있다. 그런데 변화가 무조건 긍정적이고 발전적이라는 보장은 어디에도 없다. 그야말로 사람 하기 나름이다. 그리고 그 정점에는 경제·사회·문화를 아우르는 정치가 있다. 오늘날에도 위가 세상에 미치는 정치적 영향력은 넓고 크기에 그들의 역할과 책임은 여전히 유효하다. 이는 완전히 새로운 정치체제가 나타나거나 인류가 멸망하지 않는 한 변하기 힘들다. 반면, 아래의 정치적 지위와 권한은 예전과는 다르게 상향되었다. 또한 그에 따른 역할과 책임도 많아졌다. 순자의 용어를 빌리자면 직분의 변화가 생긴 것이다. 오늘날 아래의 직분에 변화가 생긴 것은 틀림없는 사실이며 거부할 수 없는 역사적·시대적 요청의 결과다. 그러나 상황에 따라, 혹은 사람에 따라 이를 망각하거나 거스르는 경우가 종종 있다. 중요한 것은 정치적 직분의 변화를 나와 동떨어진 현상이 아닌 나의 현실로 만들어야 한다는 점이다. 그러기 위해서는 아래가 정치에 관심을 가져야 함은 물론이고 정치적 주체로서 자질도 갖추어야 한다. 그래야 순자 사상의 한계는 극복하고 긍정적인 면은 현실에 녹여내어 지금의 혼란을 해결하거나 방지하는 효과를 얻을 수 있다.

위를 견제하고 감시

세상 사람 대부분은 아래에 속하지만, 정작 『순자』에는 아래의 주체적 역할에 관한 내용이 거의 없다. 순자가 줄곧 세상의 안정을 위해 위의 중요성과 그 영향력을 강조한 것을 감안하더라도 아쉬운 부분임은 틀림없다. 순자는 곳곳에서 아래를 물에 비유했다. 그런데 물은 일정한 모양이 없다. 마찬가지로 아래도 일정한 모양이 없다. 한 사람은 여러 종류의 욕구를 가질 수 있고, 그런 한 사람 한 사람이 모인 집합체가 아래이기 때문이다. 그만큼 아래는 그 어떤 것으로도 쉽게 규정하기 힘들다. 위에게는 이러한 아래의 다양한 욕구를 충족 및 조절하며 세상을 이끌어가야 할 책임이 있다. 그렇기에 위는 그에 걸맞은 자질을 갖추고 맡은 역할을 충실히 해내야 한다. 그렇다면 아래의 역할은 무엇일까?

위는 아래를 담은 쟁반과 그릇인데, "쟁반이 둥글면 거기에 담긴 물도 둥글고, 그릇이 네모나면 거기에 담긴 물로 네모나다."(「군도」) 이는 두 가지 측면으로 풀이할 수 있다. 먼저 위가 스스로 예를 터득하고 실천하여 아래를 사랑하는 마음으로 공명정대한 정치를 펼친다면, 아래는 자연스럽게 그에 수긍하고 감화되어 호응하게 된다. 이는 위와 아래 모두가 지극히 조화롭고 평안한 삶을 누릴 수 있는 것으로, 위에게 심각한 결격 사유가 없거나 위의 정치 행위에 큰 잘못이 없을 때 가능하다. 반면, 위가 곧잘 예를 무시하면서 자신을 비롯한 소수만을 위한 정책을 펼치거나 세상에 심각한 해를 끼치는 정치 행위를 한다면 다수인 아래의 삶은 나락에 떨어진다. 그러면 세상은 위와 아래, 아래와 아래 사이의 불신과 불만에 의한 다툼으로 인해 어지러워질 수밖에 없다. 그런데 어느 측면으로 바라보든 위의 행위에 따라 아래의 삶이 좌우된다는 사실에는 변함이 없다. 어디까지나 아래의 모습은 수동적이다. 위의 행위에 따른 수긍·감화·호응·불만·불신 등과 같은 반응을 보이기는 하지만 진정한 정치 주체로서의 아래의 모습은 아직 찾아보기 힘들다.

2016년 《교수신문》에서 올해의 사자성어로 선정한 "군주민수(君舟民水)"에서 비로소 아래를 정치 주체로 여길 만한 여지가 보인다. 순자는 위와 아래를 각각 배와 물에 비유하면서, "물은 배를 띄우기도 하지만, 배를 전복시키기도 한다"(「왕제」)라고 말했다. 일반적으로 배는 물 위에 떠 있어야 정상이다. 그래야 배의 정체성을 확보함과 동시에 그 기능을 발휘할 수 있다. 물이 없는 곳에서의 배는 더 이상 배로서의 의미와 역할을 할 수 없다. 요사이 간혹 배를 뭍에서 다른 용도로 사용하기도 하지만, 그것은 배의 본질을 외면한 경우다. 따라서 배는 배로서의 온전한 기능을 해야만 물 위에 떠 있을 수 있다. 부실한 배는 얼마 지나지 않아 물속에 가라앉기 마련이다. 또한, 아무리 견고한 배라도 물길을 파악하지 않고 운항을 하든가 파도를 거스르며 항해를 하면 난파하고 만다. 난파된 배는 더 이상 배가 아닐뿐더러 물에도 섞일 수 없는 쓰레기다.

위의 내용을 그대로 위와 아래에 적용해보자. 위는 아래 위에 있어야 정상이다. 그래야 위의 지도자 혹은 지도층으로서의 정체성을 확보함과 동시에 조화로운 세상을 만드는 역할을 충분히 발휘할 수 있다. 다수인 아래라는 존재가 없는 곳에서의 위는 더 이상 위로의 역할을 할 수가 없다. 요사이 간혹 위가 자신의 본분을 잊고 다른 곳에 뜻을 두기도 하는데, 그것은 위의 본질을 외면한 경우다. 따라서 위는 위로서의 온전한 역할을 해야만 아래 위에 제대로 자리매김할 수 있다. 부패한 위는 얼마 지나지 않아 아래에 의해 그 자격을 박탈당해 아래로 내려오기 마련이다. 또한, 아무리 위세가 강하고 자기 논리가 완벽한 위라도 아래의 마음, 곧 민심을 파악하지 않거나 거스르면서까지 정치를 펼치면, 위는 아래에도 속하지 못할뿐더러 자신을 망치게 된다.

　군주민수 이야기는 입장에 따라 각각 다르게 의미를 받아들일 수 있다. 먼저 위의 처지에서는 아래의 마음을 파악하고 따르지 않았을 때 일어날 수 있는 일에 대한 경각심을 일으키는 경고의 메시지가 된다. 그리고 아래의 처지에서는 위가 지도자나 지도층다운 자질을 갖추지 않고 전횡을 일삼는다면 아래는 얼마든지 위를 징벌할 수 있다는 능동적이고 적극적인 정치 참여의 의미로 해석할 수 있다. 순자는 분명 위에 대한 경고의 차원에서 군주민수를 말했다. 위의 잘못된 생각이나 판단에 의한 정치 행위는 자신을 망칠 뿐만 아니라, 그 영향이 고스란히 아래에까지 미쳐 종국엔 세상의 안위를 위협하는 지경에 이르기 때문이다. 그러나 위와 아래의 절대적 구분이 없어진, 또 아래의 역할이 어느 때보다 중요하게 떠오르는 현대의 시각으로 군주민수를 다시 바라볼 필요가 있다.

　순자는 "임금은 백성의 원천이다. 원천이 맑으면 물줄기도 맑고, 원천이 흐리면 물줄기도 흐리다"(「군도」)라는 말도 했다. 물은 위에서 아래로 흐르고 담는 용기에 따라 모양이 달라진다. 또한 물줄기는 원천이 있기 마련이다. 이는 자연의 순리이다. 순자가 아래와 위를 물이나 자연의 순리에 빗대어 말한 것은 사람도 세상의 순리에 따라 살 것을 말하기 위함이다. 그러나 세상의 순리는 자연의 순리처럼 그냥 주어지는 것이 아니다. 위와 아래가 각자 맡은 역할에 충실할 때 비로소 완성된다. 군주민수는 아래의 위에 대한 견제와 감시의 역할을 말한다. 아래는 위에 속해 있는 사람들이 진정으로 위로서의 자질이 있는지, 그리고 그에 걸맞은 행위를 하는지를 직접적이고 적극적으로 평가해야 한다. 여러 원천에서 갈라져 나온 물들이 하천과 바다에서 만나 하나의 물이 되듯, 아래의 한 사람 한 사람이 물과 같은 결속력과 응집력으로 위를 건전하고 비판적 시각으로 관심 있게 바라보아야 한다.

정치 주체로서 자리매김

『순자』에는 부족하게나마 아래에 관심과 애정을 보이는 부분이 있다. 우선 "하늘이 백성을 낳은 것은 왕을 위한 것이 아니며, 하늘이 왕을 세운 것은 백성을 위한 것이다"(「대략」)라는 말이다. 조화로운 세상을 만들기 위해서는 기본적으로 모든 구성원이 서로를 위하는 마음을 가져야 한다. 그러나 위와 아래라는 정치적 역할 구분을 두고 따지면, 절대적으로 위가 먼저 아래를 위해야 함을 강조한 것이다. 또 "왕은 무엇인가? 공동체를 잘 운영하는 사람이다. 공동체를 잘 운영한다는 것은 무엇인가? 사람들이 잘 살 수 있도록 보살피는 것이다"(「군도」)라는 부분이다. 위가 세상을 조화롭게 만드는 방법은 아래를 위하고 생각하는 마음가짐으로 올바른 정치를 펼치는 것임을 말한 것이다. 이를 두고 순자가 민본(民本)을 이야기한다고 말하기에는 부족하다. 그러나 앞서 보았듯 그가 처했던 시대적·현실적 상황과 위의 역할을 중요하게 본 입장을 고려해야 한다. 어쩌면 순자는 민본을 너무나 당연하게 여겼기에 굳이 강조해서 말하지 않았던 것일 수도 있다. 그러나 어디까지나 위가 아래를 생각하는 마음으로 세상을 이끌어야 한다는 말이지, 여전히 정치 주체로서의 아래는 염두에 두지 않는다.

지금은 순자가 살았던 시대와는 달리 주권이 국민에게 있는 시대다. 모두가 정치의 주인이자 주체이다. 그리고 아직 모자란 감이 없지 않지만, 모두가 평등한 세상이라고 일컫는 시대다. 더 이상 위와 아래가 고정된 세상이 아닌 거다. 그 옛날 순자도 "비록 왕이나 사대부의 자손이라 하더라도 예의에 들어맞지 않는 행위를 하면 그들을 보통 사람으로 귀속시키고, 비록 보통 사람의 자손이라 하더라도 학문을 쌓고 행실을 바르게 하여 예의에 들어맞는 행위를 하면 그들을 고급 관리나 사대부로 삼는다"(「왕제」)라고 말했다. 물론 순자의 말은 원론적인 발언이다. 여태껏 그것이 실현된 경우가 드물었기 때문이다. 그러나 지금은 충분히 그럴 수 있는 바탕이 마련되었다.

그리고 마련된 바탕을 순자의 말처럼 현실화시킬 책무는 우리 모두에게 있다.

또한 지금은 누구나 자신의 목소리를 낼 수 있는 자유와 권리가 있다. 선거라는 제도를 통해 자유의사로 위를 선택할 수도 있고 아래를 자임할 수도 있다. 위를 선택할 수 있다는 것은 순자의 군주민수 이야기에서 알 수 있었듯이 위가 역할을 제대로 못했을 때는 얼마든지 위의 지위를 박탈하는 선택도 포함하고 있다는 말이다. 그리고 아래를 자임한다는 것은 위를 선택한 자유와 권리에 상응하는 책임도 스스로에게 지우고 있음을 말한다. 따라서 위는 아래에 의해 선출되어 아래를 대신해서 아래를 위해 일하는 역할을 하고, 아래는 그러한 위를 견제하고 감시하는 역할을 하는 것이다.

우리 사회는 경제 성장을 이루어야 한다는 열망과 목적의식으로 인해 개인의 자유와 평등 같은 개념은 오랜 시간 뒷전에 밀려 있었다. 이는 진나라가 법가 사상을 기반으로 부국강병을 달성하기 위해 일률적인 법으로 백성들을 옭아매고 분서갱유를 자행해 사상과 문화의 다양성을 무시한 것에 빗대어 생각할 수 있는 대목이다. 그러나 진나라는 오래가지 못했다. 거기에는 여러 원인이 있겠지만, 가장 근원적인 이유는 민심을 거슬렀기 때문이다. 예나 지금이나 사람들의 마음, 곧 민심은 다름 아닌 자유와 평등에 대한 열망일 것이다. 자유와 평등을 어떻게 규정하느냐, 그리고 그것을 인식하느냐 못하느냐와 그에 대한 지식이 있느냐 없느냐 등의 차이는 있을지언정, 자신의 욕구를 충족하고자 하고 일신의 안위를 바라는 자유와 사람답게 살고 싶고 사람다운 대접을 받고 싶은 평등에 대한 열망은 언제 어디서나 모두의 마음에 자리한다.

순자는 "예는 사람들의 마음을 따르는 것을 근본으로 삼는다. 그러므로 예와 관련된 책에 없는 내용이라도 사람들의 마음을 따르면 모두가 예이다"(「대략」)라고 말했다. 또한, 예는 정치의 출발점이자 정치를 잘 펼치는 준칙이며 사람이 추구해야 할 도리의 극치이다. 이 모든 것을 오늘날에 비추어 생각해보면, 순자의 말은 현재의 위보다는 아래에게 더 많은 점을 이야기한다. 왜냐하면 순자는 줄곧 위에게 그러할 것을 요구했기 때문이다. 위는 예나 지금이나 예를 체득하고 실천하는 삶을 살아야 한다. 그런데 시대가 바뀌었다. 아래에게도 모두가 정치의 주체이자 주인인 시대에 발맞추어 나갈 권리와 의무가 있는 것이다. 기원전 순자의 말을 오늘에 되살리는 방법은 그리 멀리 있지 않다. 그것은 아래도 사람이 추구해야 할 도리인 예를 체득하고 실천하며 자유롭고 평등하게 정치에 참여하여 스스로 세상의 주인임을 확인하는 데 있다. 나라가 망할 정도는 아닐지라도, 우리가 속해 있는 세상이 위협받을 정도의 혼란을 겪지 않으려면 지금부터라도 모든 구성원이 주인 의식을 가지려 노력해야 한다. 그 노력은 주권은 누구로부터 주어지는 것이 아닌, 스스로 가져야 하는 것임을 자각함에서 출발한다. 그리고 주권을 가졌다는 사실에 만족하며 머물러 있는 것이 아니라, 주권을 적극적으로 올바르게 행사할 때 비로소 결실을 맺는다. 이렇게 주권을 가졌음을 자각하고 실천하는 사람들로 이루어진 세상은 특정 인물이나 소수의 전유물이 아닌 오롯이 모든 구성원의 것이 된다. 그러면 공동체 의식은 자연히 생기기 마련이고, 어떤 개인이나 집단이 함부로 세상을 좌지우지할 수 없는 풍토도 만들어지게 된다.

의식 수준 고양

지식과 정보는 권력이다. 그래서 권력을 유지하거나 가지려고 했던 이들은 언제나 지식과 정보를 독점하려 했다. 일례로 세종대왕이 백성을 불쌍히 여기는 마음으로 훈민정음을 창제하고 반포하고자 할 때, 집현전 부제학 최만리(崔萬理, ?~1445) 등은 반대의 상소를 올렸다. 반대의 표면적인 이유는 사대(事大) 논리와 성리학을 지키고자 함이었다. 그러나 이면에는 지식과 정보를 백성들과 나누고 싶지 않은 심리가 작용했을 것이라는 추측이 지배적이다. 당시는 활자 시대였고, 활자를 공유한다는 사실은 그들이 무엇보다 소중하게 여기는 성현의 말씀이 적힌 서적들을 공유하는 결과를 낳는다. 이는 곧 그들이 독점하던 지식과 정보를 공유하는 셈이다. 무언가를 함께 가지고 함께 쓴다는 것은 특정한 주인이 없다는 뜻이다. 그렇기에 스스로 조선의 기틀을 만들었고 주인이라고 여겼던 몇몇 성리학자들 처지에서는 누구나 쉽게 알고 쓸 수 있는 문자를 만든다는 것은 절대 용납할 수 없는 상황이었다.

그렇다고 아래에게 지식과 정보의 문이 무조건 막혀 있던 것은 아니었다. 순자의 "길거리의 사람들도 모두가 성인이 될 수 있다"라는 말은 누구나 성인이 될 자질을 갖추고 있음과 동시에 누구에게나 학문의 길이 열려 있음을 뜻한다. 그리고 우리 경우도 조선시대까지 원론적으로나마 평민 이상의 사람에게는 과거를 치를 자격이 주어졌다. 이는 아래에게도 지식과 정보의 문이 일정 정도 열려 있었음을 말해주는 대목이다. 그러나 하루하루 입고 먹고 사는 문제에 치열하게 몰두하는 보통 사람들로서는 그 문을 들어서기는커녕 바라보는 것조차 사치로 여길 수밖에 없었다.

시간이 흘러 지식과 정보를 둘러싼 모양새는 바뀌었다. 아래의 피땀 섞인 노력에 의한 산업화와 경제 성장, 그리고 민주

화 등을 통해 지금은 위가 독점하던 시대와 달리 아래도 어느 정도 지식과 정보를 공유한다. 따라서 아래의 지적 수준은 예전에 비해 향상되었다. 아래도 위와 크게 다르지 않은 지식과 정보를 가지기에 위가 어떤 말과 행동을 하는지, 전에 했던 말이나 행동이 지금과는 어떻게 같고 다른지, 약속했던 것들을 제대로 지켰는지 등과 같은 것을 좀 더 세밀하게 지켜볼 수 있게 되었다. 뿐만 아니라 정보화시대에 발맞춰 온라인을 통한 소통과 정보 교류도 활발해짐으로써 예전과 같은 위의 일방적인 사실 날조나 정보 왜곡을 가려낼 수 있는 바탕을 마련하게 되었다.

그러나 지적 수준의 향상이 그대로 의식 수준의 향상으로 연결되는 것은 아니다. 순자는 「비십이자」 등에서 옳고 그름과 안정되고 혼란함의 소재를 모르게 하는 잡설들이 난무하는 현실을 고발했다. 만약 우리가 아는 지식과 정보가 그러한 잡설에 해당하는 것이라면 우리의 의식 수준의 향상은 기대하기 힘들다. 또한, 자신이 예전에 습득했거나 현재 관심 있는 지식과 정보만 무비판적으로 신봉하다 보면 그 안에 스스로를 가두는 결과를 초래한다. 이렇게 생긴 편견과 선입견, 고정관념은 새롭거나 다른 지식과 정보를 받아들이는 데 방해가 될 뿐 아니라, 다른 사람과의 원활한 소통에도 커다란 장애물이다.

의식 수준의 향상은 자신을 비롯한 모든 대상을 비판적이고 균형적인 시각으로 바라볼 때야 비로소 가능하다. 비판적이고 균형적인 시각은 세상의 모든 지식과 정보를 습득해야만 가질 수 있는 것이 아니다. 널리 많이 아는 것은 올바른 시각을 가지는 데 도움이 될 수는 있지만, 반드시 비판적이고 균형적인 시각으로 이어지지는 않는다. 지식이나 정보의 습득과 의식 수준의 향상은 넓은 의미에서 학문에 해당한다. 순자는 학문의 중요성을 언급하며, 학문의 지름길은 훌륭하고 본받을 만한 사람을 스승으로 모시는 것이라고 했다. 그리고 훌륭한 스승은 예를 체득하고 실천함으로써 배움에 뜻을 둔 이들에게 좋은 본보기가 되는 사람이지, 널리 많은 것을 아는 사람이 아니라고 했다. 곧 지적 수준보다는 의식 수준이 높은 사람이 훌륭한 스승이라는 말이다. 따라서 학문의 방향과 목적은 어디까지나 의식 수준의 고양에 있는 것이지, 단지 지식을 늘리는 것에 있지 않다.

순자는 "그 어떤 지식이나 정보도 선왕의 도에 합치하지 않거나 예의를 따르지 않는 것이라면 옳지 않은 것이다"(「비상」)라고 말했다. 순자에게 있어 학문의 궁극적 목적은 성인이 만든 예를 인식하고 체득하고 실천하는 것이기 때문에, 어떤 지식과 정보의 옳고 그름을 판단하는 기준 또한 성황의 도, 곧 예인 것이다. 그렇다면 지금 시대에도 순자가 말한 예를 그대로 적용해 옳고 그름을 판단하는 기준으로 삼아야 할까? 반드시 그렇지는 않다. 순자가 말한 예의 세세한 내용들을 지금에 그대로 적용하기에는 여러모로 무리가 따른다. 그러나 예를 관통하는 정신은 따르고 적용할 필요가 있다. 그 정신은 다름 아닌 공동체 의식이다. 이는 성인이 예를 제정한 까닭과 순자가 줄곧 예를 강조한 이유를 생각해본다면 충분히 이해할 수 있다. 그들의 관심은 오로지 세상의 안정과 조화에 있었다. 그렇기에 세상의 혼란 해결과 방지의 여부는 세상 사람 모두가 공동체 의식을 얼마나 확보하고 향상해나가느냐에 달렸다.

아래가 높아진 의식 수준을 바탕으로 위를 견제하고 감시하는 온전한 정치 주체로서 역할을 하면 할수록, 아래가 위에게 요구하는 수준은 그만큼 높아지게 마련이다. 그러면 위는 아래를 의식하지 않을 수 없어 더욱 노력해 자신의 역할에 충실할 것이다. 이는 순자에게 있어 서로 직분을 다투지 않는 하늘과 사람의 관계처럼, 위와 아래도 서로 다투지 않고 각자의 역할을 해냄으로써 조화를 이루는 관계가 되는 것이다. 결국, 지금 현실에 맞게끔 위와 아래의 역할을 다시 바로세우고 그 조화를 이루어내야 세상의 행복과 안정이라는 결실을 얻는다.

3장

철학의 이정표

첫 번째 이정표

『논어』
공자, 휴머니스트, 2019

공자의 언행록, 『논어』

『논어(論語)』는 공자(孔子)의 저작이 아니다. 공자가 세상을 떠난 이후 제자들이 스승과 관련된 기록과 기억을 끄집어내어 정리했다. 그렇지만 한 사람의 일관된 말과 행동에는 그의 가치관이 묻어나기 마련이기에 『논어』는 공자 사상이 온전히 녹아 있는 서적이라 할 수 있다.

공자는 인(仁)을 무엇보다 중요하게 말했다. 인은 애인(愛人), 곧 사람을 사랑하는 것이다. 요즘은 애인이라고 하면 사랑하는 한 사람을 이르는 것으로 여기지만, 공자가 말하는 애인은 나 아닌 다른 사람을 나를 사랑하듯이 하는 것이다. 나와 특정인에 대한 사랑을 넘어 불특정 다수에 대한 사랑을 말하며, 사랑의 무한 확장을 강조한 셈이다. 자신의 사리사욕을 이겨내고 예(禮)에 걸맞은 말과 행동을 하면 다른 사람도 나를 사랑하듯 할 수 있다. 그렇기에 인을 실천하느냐 마느냐의 문제는 나의 배움과 깨달음, 그리고 실천에 달려 있다.

『논어』는 다소 체계가 없고 내용 연결이 매끄럽지 못해 전체 맥락을 파악하며 읽기 힘들 수도 있다. 또한 특정 상황에 대한 이해가 없으면 말이나 행동의 의미를 알아채기 어려운 부분도 있다. 그러나 『논어』는 사람 냄새가 나는 책이다. 천천히 반복해서 읽고 때때로 그 뜻을 새기다 보면 작은 일에도 기뻐하고 옳지 않은 일에는 화내며 사람을 사랑하는 마음을 간직한 채 기꺼이 자신의 길을 걸었던 한 사람을 만날 수 있다. 원전을 읽는 것이 가장 좋지만, 친절하게 해설을 곁들인 책들도 시중에 많이 나와 있으니 그들의 도움을 받는 것도 좋은 방법이다.

한때 '공자가 죽어야 나라가 산다'와 '공자가 살아야 나라가 산다'라는 말이 대립한 적이 있다. 하나의 사물도 어떤 시각으로 보느냐에 따라 다르듯이, 『논어』도 읽는이에 따라 다르게 읽힐 여지가 있다는 말일 게다. 이제 여러분이 공자를 직접 만나보고 그의 진의가 무엇인지 알아보자. 또한, 순자는 자신을 공자의 진정한 계승자라고 여겼는데, 『논어』를 읽어보고 정말 순자가 공자를 계승한 것인지, 혹은 공자와 순자가 어떤 점에서 같고 다른지 살펴보는 것도 하나의 재미이지 않을까?

『맹자교양강의』
푸페이룽, 돌베개, 2010

순자의 맞수, 맹가의 『맹자』

순자는 줄기차게 맹자를 맞수로 여기면서 비판했다. 공자 사상을 대략 본받아서는 자기 의도대로 부풀려 자신의 이름을 알리려 했으며, 잘못된 현실 파악으로 뜬구름 잡는 이야기만 한다고 여긴 것이다. 그러나 정작 맹자는 그런 순자에게 맞서지 않았다. 말을 섞고 싶지 않아서였는지, 마주칠 일이 없어서였는지는 알 수 없지만……

맹자[孟子, 맹가(孟軻)]는 사람은 날 때부터 선한 본성을 타고난다고 보았다. 그런데 세상엔 나쁜 사람들도 있지 않은가? 맹자는 산의 본래 모습은 수풀이 우거진 것이지만 사람들이 땔감이나 자재로 쓰기 위해 무작위로 나무를 베고 가축을 기르기 위해 무한정 풀을 먹이면서 민둥산이 되는 것처럼, 사람의 본성은 본래 선한데 사리사욕이나 나쁜 환경 등에 의해 본디 가진 착한 마음을 잃어버렸다고 여겼다. 그렇기에 잃어버린 착한 마음을 되찾기 위해 노력해야 한다고 주장한다. 그 결과 회복된 착한 마음을 잘 간직함과 동시에 실천하고, 나아가 그 영향이 다른 사람에까지 미치도록 확충한다면 얼마든지 조화롭고 선한 세상을 만들 수 있다고 보았다.

맹자가 말하는 사람의 선한 본성은 하늘의 순선(純善)에서 비롯되었다. 곧 맹자는 하늘과 사람은 서로 관련이 있음을 말하는 것이다. 또한 맹자는 왕이 먼저 하늘의 뜻을 받들어 선한 본성을 바탕으로 왕도정치를 펼치면 전국시대의 혼란을 해결할 수 있다고 보았다. 그러면서 힘으로 다스리는 패도정치는 절대 인정하지 않았다. 이는 순자가 하늘과 사람은 서로 구분되며 패도정치도 차선으로 인정한 것과는 상반된다.

두 사람 사이에 언쟁이 벌어졌을 때, 한쪽 말만 듣고 그 옳고 그름을 판단하는 것만큼 어리석은 일은 없다. 맹자와 순자가 직접 설전을 벌이지는 않았지만, 두 사람을 대변하는 사람들에 의해 지금까지도 대리전이 벌어지고 있다. 이제 여러분이 직접 『맹자』와 『순자』를 만나보자. 두 사람이 하는 이야기를 다 들은 후에 누구 말이 더 설득력이 있고 누구의 주장이 더 실현 가능한지 판단해보는 시간을 가질 때다.

세 번째 이정표

『묵자, 사랑과 평화의 철학』
박문현, 살림, 2013

유가의 맞수, 묵적의 『묵자(墨子)』

　묵자[墨子, 묵적(墨翟)]는 맹자와 순자 모두에게 비판받았다. 맹자와 순자의 대표적 공통점은 유가 사상가라는 점이니, 묵자는 유가의 공격을 받았다고 볼 수 있다. 공격받은 까닭은 크게 두 가지다. 첫째, 묵가 사상은 사람들로부터 환영받았다. 묵자는 모든 사람을 차별 없이 사랑하자는 겸애를 주장했다. 지금의 평등 개념에는 당연히 못 미치고 실현되기도 힘들었겠지만, 신분제 사회였던 시기에 차별 없음을 말했다는 것만으로도 보통 사람들의 마음을 싸잡기에는 충분했다. 유가는 자신들의 영향력이 줄어들 수 있다는 위기감을 느꼈다. 둘째, 유가 사상은 묵가 사상과 거리가 멀었다. 유가는 친친(親親), 곧 가까운 사람을 먼저 사랑해야 한다고 말한다. 그렇다고 다른 사람을 사랑하지 말라는 것은 아니다. 이를테면, 내 부모님을 먼저 사랑하고 존경해야 다른 사람의 부모님도 사랑하고 존경할 수 있다는 말이다. 내 부모님도 사랑하고 존경하지 못하면서 다른 사람의 부모님을 사랑하고 존경하는 것은 사람이 가진 보통의 정서가 아니다. 사랑에도 선후가 있고 층차가 있다는 것이다. 그렇기에 유가는 묵가의 겸애는 그저 사람들의 환심을 사기 위한 장치에 불과하다고 여겼다. 또한, 묵자는 장례 절차를 간략하고 소박하게 해야 한다고 주장했는데, 효(孝)를 중요하게 여겼던 유가로서는 상당히 못마땅했을 것이다. 그리고 묵자는 지나치게 화려하고 사치스럽다며 음악을 금지해야 한다고도 주장했다. 분별의 효용이 있는 예(禮)와 함께 사람의 감정을 조절하고 조화롭게 하는 효용을 가진 악(樂)을 사회 질서 유지의 틀로 삼았던 유가는 묵자의 견해를 수긍하기 힘들었을 것이다.

그 외에 묵자는 침략 전쟁을 비판했고, 합리적으로 재화를 사용할 것과 이익을 서로 나눌 것 등을 주장했다. 그런데 묵자도 유가와 마찬가지로 지도자 입장에서 사상을 전개했다. 「상동(尚同)」에서 지도자를 받들고 따를 것을 말하기 때문이다. 이를 바탕으로 생각하면 묵자의 겸애, 비공(非攻), 절용(節用), 비악(非樂), 교상리(交相利) 등과 같은 주장들은 현명한 지도자가 먼저 갖추고 실천해야 할 덕목인 셈이다.

한 시대를 주름잡았던 사상가이자 유가의 맞수였던 묵자. 그러나 한때 유행한 사상으로 전락하고 말았다. 유행은 돌고 돈다고 하는데, 이 말이 묵가 사상에도 통할지 직접 『묵자』를 읽어보면 어느 정도 보이지 않을까?

『상앙, 이목지신을 지킨 아이언 맨』
윤대식, 신서원, 2020

법가 실천가, 상앙의 『상군서』

상앙은 위(衛)나라 귀족 출신으로 본래 성은 공손(公孫)이고
이름은 앙(鞅)이었다. 평소 법과 정치에 관심이 많았던 상앙은
그 뜻을 모국이 아닌 타국에서 펼쳤다. 진(秦)나라 효공(孝公)에
게 발탁된 그는 기존의 법을 고치는 변법을 단행하고 중앙 집
권을 강화하는 등의 활약을 펼쳐 상(商)이라는 지역을 봉토로
받기에 이른다. 그래서 상앙이라고 불리게 된다. 그 후에도 각
종 정책과 제도를 만들고 실행해서 후에 진나라가 천하를 통
일할 수 있는 밑바탕을 마련했다.

『상군서(商君書)』는 대체로 법을 바탕으로 한 부국강병에 대
한 글이다. 총 26편이 있지만, 형벌의 종류와 중요성을 다룬 것
으로 추정되는 「형약(刑約)」은 제목만 있고 내용이 없으며, 나머

지 한 편은 제목마저도 없다. 그렇기에 총 24편이 전해진다.

상앙은 세상이 바뀌면 법도 변해야 한다는 생각을 가졌었다. 그래서 지금 시대에 맞게끔 법과 제도를 고치는 변법을 주장했다. 이는 상앙을 비롯한 법가 사상이 전통을 중요시하고 복고주의를 제창하는 유가와는 분명 차이가 있음을 보여주는 대목이다. 그리고 상앙뿐만 아니라 법가 사상가들은 농경과 전투를 하나로 묶어서 바라본다. 농사를 통한 부의 축적은 군사력 증강으로 이어지고 강력한 군사력은 전쟁에서의 승리로 이어지기 때문이다. 그런데 농사를 짓는 일꾼이나 군대에 속한 병사들은 대부분 백성으로 이루어져 있다. 그래서 상앙은 백성수의 소중함을 말함과 동시에 그들을 효율적으로 다루는 방법에 대해 말한다. 백성을 무지하게 만들고 서로 범법을 하는지 감시하는 제도를 시행한 것이 대표적이다.

『상군서』는 상앙뿐만 아니라 전국시대 법가의 사상을 확인할 수 있는 자료다. 그렇기에 확고한 법을 바탕으로 세상의 질서를 확립하려는 사람에게는 더할 나위 없이 반가운 책이고, 책임 있는 자유가 인정되고 다양한 의견이 공존하는 세상을 꿈꾸는 사람은 반감을 느낄 책이다. 순자는 상앙을 비롯한 법가 사상가들의 영향을 받아 법의 가치와 효용을 인정했다. 그러나 절대 법만이 군림하는 세상을 말하지 않았으며, 법보다

예가 먼저이고 우위임을 줄곧 강조했다. 『상군서』와 『순자』를
함께 보면 법가와 순자가 법을 바라보는 시각이 서로 다름을
알 수 있다.

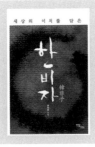

『한비자』
변원종, 이담북스, 2012

순자의 빛나간 제자, 한비의 『한비자』

『한비자(韓非子)』는 순자의 제자이자 법가 사상을 집대성한 한비의 사상이 녹아 있는 책이다. 기존의 법가 사상을 집대성한 저작으로 평가받는다. 한비(韓非)는 한(韓)나라의 귀족 출신이었다. 전국시대라는 혼란의 시기에 한나라는 강대국인 진나라와 제나라 사이에서 위태롭게 연명하던 약소국이었다. 한비자는 한나라의 미래가 밝지 않다는 것을 직감하고는 무엇이라도 해야겠다는 결심을 한다. 그래서 여러 차례 왕에게 국정 개혁을 촉구하는 상소를 올렸으나 왕은 받아들이지 않았다. 그러나 한비자는 그에 굴하지 않고 자신의 부국강병 방안을 적은 10만여 자에 이르는 글을 쓴다. 이 글이 바로 『한비자』이다.

군주는 객관적이고 공정한 법을 제정해 세상을 다스려야

한다. 그리고 제정한 법을 문서에 기록해 관청에 갖춰둠으로써 법을 집행할 관리들은 그것을 온전히 익히고 백성들에게는 명백히 알려 지키게끔 한다. 그런 후 누군가 법을 어기는 잘못을 저질렀으면 신분이 높더라도 반드시 벌을 주고, 잘한 일에 대해 상을 줄 때는 일반 백성이라도 빠뜨려서는 안 된다. 공평한 법 집행과 확실한 신상필벌을 강조한 것이다.

『한비자』에는 법가를 제외한 제자백가를 비판하는 내용도 있는데, 그 중심에는 유가가 있다. 경전정책(耕戰政策)을 중시하는 법가 입장에서는, 유학자들은 농사에도 도움이 안 되고 전쟁에도 쓸모가 없는 밥벌레다. 그래서 「난세(難勢)」에서는 그 유명한 모순(矛盾)이라는 말이 나온다. 무엇이든 뚫을 수 있는 창[모(矛)]과 무엇이든 막을 수 있는 방패[순(盾)]는 함께 있을 수 없다. 그렇기에 인치·덕치·왕도정치를 말하는 유가와 법치·패도정치를 주장하는 법가는 절대 공존할 수 없다. 당연히 한비자 처지에서는 유가를 비롯한 제자백가 사상은 온전한 법치국가 완성을 위해 없어져야 할 것들이다.

제자가 스승의 모든 것을 따를 필요는 없지만, 스승의 사상을 대부분 뒤집는 것도 보기 드문 일이다. 한비자는 순자의 성악설과 법을 중시하는 요소만 받아들이고 나머지는 과감히 버렸다. 그리고 한비자는 분명 법을 제정하는 까닭은 세상 사람들이 모두 잘살게 하기 위해서라고 했다. 그런데 예나 지금이나 법 위에 군림하는 사람과 법을 이용하는 사람과 법을 피해 가는 사람이 있다. 혹시 법은 무거움과 가벼움, 무서움과 우스움을 동시에 가지고 있는 모순 그 자체가 아닐까? 한비자가 스승 순자와 유가를 정면 비판한 까닭과 불완전한 존재인 사람이 만든 법이 절대 완전할 수 없음에도 법의 만능성을 주장한 연유가 궁금하다면 『한비자』를 한번 읽어보자.

BC 336년	조나라에서 태어나다.
BC 321년	제나라 직하학궁을 처음 찾아오다.
BC 315년	연나라에 가서 유세를 펼쳤으나, 임용되지 못하다.
BC 287년	처음으로 직하학궁의 좨주가 되다.
BC 275년	직하학궁에서 가장 나이 많은 선생이 되다.
BC 255년	모함을 받아 제나라를 떠나 초나라로 가다. 춘신군의 도움으로 난릉 땅의 수령이 되다.
BC 238년	춘신군이 암살당하자 순자도 난릉 수령 직에서 내려오다. 다른 곳으로 옮기지 않고 난릉 땅에서 지내다.
BC 235년	사망하다. 난릉에 묻히다.
BC 233년	순자의 제자 한비자가 사망하다.
BC 221년	진나라가 중국 역사상 첫 통일국가가 되다.

---

* 순자의 생애에 대해서는 이론이 많음을 밝힌다.

참고 문헌

• 순자,『순자』, 김학주 옮김, 을유문화사, 2003.

순자,『순자1 ·2』, 이운구 옮김, 한길사, 2006.

• 김교빈·이현구,『동양철학에세이 1』, 동녘, 2015.

김철운,『순자와 인문세계』, 서광사, 2003.

송영배 편저,『제자백가의 사상』, 현음사, 2002.

순황,『역주 순자집해』, 집해 왕선겸, 역주 송기채, 전통문화연구회, 2021.

왕선겸,『순자집해』, 중화서국, 1988.

우치야마 도시히코,『순자교양강의』, 석하고전연구회 옮김, 돌베개, 2013.

윤무학,『순자: 통일제국을 위한 비판철학자』, 성균관대학교출판부, 2004.

이척생,『순자집석』, 대만학생서국, 1981.

장현근,『순자, 예의로 세상을 바로잡는다』, 한길사, 2015.

조원일,『순자의 철학사상』, 전남대학교출판부, 2014.

채인후,『순자의 철학』, 천병돈 옮김, 예문서원, 2003.

EBS 　오늘 읽는 클래식

순자 —— 악함에 대처하는 우리의 자세

1판 1쇄 발행 2022년 6월 10일

지은이 　배기호

펴낸이 　김유열 ｜ 지식콘텐츠센터장 이주희
지식출판부장 박혜숙 ｜ 지식출판부·기획 장효순, 최재진
마케팅 최은영 ｜ 인쇄 여운성
북매니저 윤정아
책임편집 표선아 ｜ 디자인 정계수 ｜ 일러스트 최광렬 ｜ 인쇄 재능인쇄

펴낸곳 　한국교육방송공사(EBS)
출판신고 　2001년 1월 8일 제2017-000193호
주소 　경기도 고양시 일산동구 한류월드로 281
대표전화 　1588-1580 ｜ 홈페이지 www.ebs.co.kr
이메일 　ebs_books@ebs.co.kr

ISBN 978-89-547-9979-9 04100
　　　978-89-547-6188-8 (세트)

ⓒ 2022, 배기호